岐路から未来へ

共同通信社 編

柘植書房新社

まえがき

曇り空から細かな雨が落ちては、やむ。雨を避けて、屋根付きの自転車置き場にたくさんの洗濯物が干されていた。窓外にそれを見やりながら、五〇代の男性がつぶやく。「双葉にいたから、目標があった。でも目標は崩れた。前に踏み出すことができないんです」

東日本大震災から二カ月後、埼玉県加須市の旧県立騎西高校を訪ねた。原発事故の放射能を逃れ福島県双葉町の千人以上の住民が肩を寄せ合って暮らしていた。いまから見れば、事故「直後」といってもいいほどの時期だったが、二カ月の流浪生活は既に人々をひどく疲弊させていた。

「取材」と告げて、快く応じてくれる人は少なかった。理由を聞くと、中年の男性は「マスコミは俺たちの言うことをそのまま書かない」と不信感をあらわにし、あとは口を閉ざした。

いら立ちは高校生ぐらいの少年たちに、とりわけ強いようだった。体育館や旧教室での集団生活にプライバシーはない。秩序が保たれるように、大人たちは若い彼らに自制を強いる。「何か問題があると、すぐ僕らのせいにする」。話を聞くと、大人への不平不満が次々に口を突いて出た。

旧騎西高校の避難所は二〇一三年末に閉鎖された。いま、少年たちはどこでどうしているだろう。大人たちは「前に踏み出す」ことができただろうか。

震災から四年、二〇一五年三月のまとめによれば、なお避難生活を送る人は約二二万九千人。このうち約一二万人が福島県の避難者だという。避難生活による体調悪化などが原因で亡くなることを

「震災関連死」と呼ぶが、福島県の元のすみかを追われた人のそれは一八六二人にのぼり、直接死の一六一一人を上回って、増え続けている。

そして、災厄の原点ともいうべき三つの原子炉と一つの核燃料プールは、いまも「コントロールできている」などと評価できるところまで来ていない。「震災を風化させるな」という声も上がるが、風化をうんぬんする以前に、危難は続いているのだ。

ところが、被災地から離れた土地に住む人の多くは、為政者も市民も、もはやそれにまともに向き合おうとしていない。放射能や放射線は容易に目に見えない。だから恐怖を心の奥底に押し込み、見ないようにしているかのようだ。本書の出発点はそこにある。

地震や津波の制御は、人知の及ぶところではない。地震予知が可能であるかのような言説によって巨額の公費が支出されてきたが、それが虚構にすぎなかったことは、本書の「研ぐ」の章の「地震予知」に明らかである。

もし、人知を超える自然の力を率直に認め、自然と調和した生き方を選んでいれば、これほどひどい被害に、長期にわたって苦しむことはなかったのではないか。

考えてみれば、それは核や環境問題に限らない。戦後の焼け跡から立ち上がり、復興を目指して七〇年。私たちはいくつもの岐路を経て、いまこの地平に立っている。ここまで歩んできて、顕在化しつつある問題は何か。私たちはどこで間違えたのか、あるいはこの道は不可避だったのか。

岐路において差し出された課題をあらためて見つめたい。そして、その課題に正面から取り組み、克服しようとしてきた人たちを探し出し、その営みに耳を傾けたい。そこにこそ、未来を切り開く鍵が隠されているはずだ。そう願って取材を始めた。

共同通信社から同名のタイトルで配信された連載は二〇一四年の一年間、週一回で計五〇回。取り上げた分野は多岐にわたる。

核や生きものとの関わりから私たちの生き方を見直した「問う」「共に生きる」。地域で生活者として自立することの意味を考えた「根を持つ」。事実を記録し表現することの大切さに気付かされた「刻む」。心身の病や老いと立ち向かう人を描いた「治す」。国境や民族の境によって分断されることなく、人間がつながる可能性を示した「越える」。科学や技術を単なる道具とせず、人が生きることにつなげようとする試みを追った「研ぐ」。

一見、それぞれが独立しているようだが、結果として一つの問題意識に収斂した。それは「人が人として豊かに生きるとはどういうことなのか」という問いだった。換言すれば、現代の危機とは「人間性の危機」なのだ。

本書がささやかでも、読者のみなさまにとって、未来を切り開くよすがになってほしいと願う。

（本文の敬称は略し、年齢や肩書きは掲載時のまま収録）

◆岐路から未来へ◆目次

第1章　問う　核と暮らし

◆岐路から未来へ◆

原子力留学生

米国で見た夢の果て――修羅場続く核燃・原発

文・太田昌克
写真・堀　誠

米中西部シカゴを出発し、大陸横断鉄道に揺られること三日二晩。どこまでも続くトウモロコシ畑を抜けて無人の砂漠地帯を走ると、広大な敷地の中にある原子力研究施設にたどり着いた。

「砂漠の中に五〇キロ四方もある〝空き地〟があった。こっちにぽつんと試験炉、向こうにぽつんと別の形の試験炉、小さな再処理工場もあった。けた外れの広さだった」

四月に九〇歳を迎える伊《い》原《はら》義徳《よしのり》が時折目をつぶりながら、一九五五年夏に訪れたアイダホ・フォールズの光景を回想する。伊原はその年二月、太平洋を渡った日本初の原子力留学生。日本が原発導入にかじを切って間もない時期だった。

冷たい握手

空路でハワイやサンフランシスコを経由して米首都ワシントンにたどり着く。仲間の留学生らとホ

原子力留学生時代にホワイトハウスを招かれ、アイゼンハワー大統領に出迎えられた写真を見せる伊原義徳。

ワイトハウスの門をくぐると、大統領アイゼンハワーが出迎えた。大統領はソ連との核開発競争にまい進しながら「平和のための原子力」を唱えていた。「一生懸命、大統領の手を握った。非常に冷たかった」

前年、米国は太平洋ビキニ環礁で広島型原爆の約千倍の破壊力を持つ水爆実験を実施。「死の灰」を浴びた漁船・第五福竜丸の乗組員が犠牲となり、日本では反核のうねりが高まっていた。

米国はこうした動向を懸念した。原子力の平和的側面をアピールし、西側同盟の結束強化も狙って始めたのが、各国からの原子力留学生受け入れだった。欧州やアジア、中南米などから集まったのは伊原を含め三九人。

当時の米公文書からは、平和利用の利点をできるだけ強調することで被爆国の反核感情をなだめようという冷徹な意図も透けて見える。

シカゴ近郊のアルゴンヌ国立研究所が留学生の受け入れ先だった。研究所には、世界初の核分裂連鎖反応（臨界）の成功に関与した科学者らが集まっていた。

伊原は原子力の専門家ではなかった。終戦二年後に大学を出て商工省に入り、工業技術院調査課に配属され、五四年春に初計上された原子力予算を担当する。原子力との出合いだった。その後、科学技術事務次官や原子力委員長代理を務め、三〇年以上付き合うことになる。

復興の活路

アイダホ・フォールズで使用済み燃料の再処理現場を見た経験が、伊原の人生だけでなく日本の国策をも大きく左右することになる。

「資源の足りない日本がいかに自立していくかという問題が常に頭にあった。日米開戦のきっかけはフランスの支配権が弱くなったインドシナに日本がどさくさに紛れて進駐したこと。資源の問題が根っこにあった」

資源を求めアジアを侵略したが、米国の制裁で資源が枯渇、対米開戦に至った戦前の誤り――。エネルギー自給率を高めることが重要と考えた伊原は、資源の確保という観点から「原子力は有効な手段」との結論に至る。

しかもアイダホ・フォールズで見た再処理は資源の乏しい日本に理想的と映った。「再処理しないで使用済み燃料を捨てると、ウランの潜在エネルギーのせいぜい一％しか使えないが、再処理すれば六割は活用できる」。再処理を軸とした核燃サイクルこそ戦後復興への活路を開くと信じた。

無残な現実

五五年秋に留学を終えて帰国。「原子力開発利用長期計画（長計）」の起草に加わる。日本初の総合的な原子力政策の策定だった。留学で得た知見を踏まえ、使用済み燃料内にたまるプルトニウムと残ったウランの有効利用を主張した。

結局、五六年に原子力委員会がまとめた長計にはこう明記された。「将来わが国の実情に応じた燃料サイクルを確立するため増殖炉、再処理などの技術の向上を図る」

以降、伊原が思い描いた夢が国策の形で追求される。だが、その実現は伊原が振り返るように「修羅場続き」だった。

伊原は七〇年代、科学技術事務次官として原子力船むつの放射線漏れ事故の処理に奔走。反原発の人々と鋭く対立しながら、核燃サイクルも推進していく。

原発は五〇基以上に増えるが、核燃サイクルの要と期待した高速増殖炉もんじゅは九五年、ナトリウム漏れ事故を起こす。九三年に着工した青森県六ケ所村の再処理工場は、技術的なトラブルが絶えず、本格操業の見通しは立っていない。

伊原の夢だった原子力政策は、さらに重大な岐路にぶつかる。東京電力福島第一原発事故だ。伊原は今後も原発は必要と考えるが「これからの増設はあり得ない」と断言する。核燃サイクル政策も現実に即した修正が必要だと認めた。

「再処理はやはり難しい。実験室ではうまくいく。だが産業規模ではなかなかうまくいかない」。原子力留学生が見た夢の果て。無残な現実に直面した伊原の内省が続く。

●記者ノート●

限られる時間

巨大原発事故を受け、大きな曲がり角を迎えた原子力政策。民主党政権時代、事故の原因や背景を探るために官民双方が事故調査委員会を立ち上げ、報告書をまとめた。

しかし、原子力政策全体が歴史的視座に基づいて検証されたかというと、決してそうではない。特に核燃サイクル政策は、核爆弾五千発にも相当するとされる約四四トンのプルトニウムを製造することになったが、解明のメスは入っていない。

伊原のように、半世紀以上前の政策決定の源流を知る生き証人は極めて貴重だ。事故後も古い経緯を知る重要な関係者が他界している。歴史的な検証作業を行える時間は限られている。

二〇一四年一月一一日配信

◆岐路から未来へ◆

原発と自然

失われた森の恵み——飯舘村、放射線との戦い

文・井田徹治
写真・堀　誠

「野生のニホンミツバチの百花蜜《ひゃっかみつ》は飯舘村の森の恵みそのもの。人気商品になるはずだったんだ」。飯舘村農民見習いを自称する「ふぁーむ」の管理人、伊藤延由《いとうのぶよし》（七〇）がくやしそうに話す。窓外に雪が降りしきっていた。

までい

飯舘村は、福島県北東部、阿武隈高地にある人口約六千人の小村だ。一九九〇年代半ばから、地域の産物を生かした独自の村おこしに取り組み、バイオマスエネルギーの活用や二酸化炭素排出量の少ない住宅の開発に取り組んできた。周辺自治体との合併の道は取らなかった。

「丁寧に、心を込めて」を意味する方言「までい」が村の合言葉。三〇～五〇キロ先の原発とは無縁の暮らしがそこにあった。

除染で発生した土砂を入れたバッグの山の前で線量計を持つ伊藤延由。村のいたるところに積み上げられ青いシートの上に雪が積もる。

伊藤はIT企業を退職後に熟年離婚した。母の介護疲れから、うつ状態に陥り「自殺も頭にちらついた」という。新たな道が開けたのは二〇〇九年五月。たまたま立ち寄った前の会社で、社長から「飯舘村に作る研修施設の管理人になって米作りをしないか」と持ち掛けられ、二つ返事で引き受けた。

「ふぁーむ」が開所した一〇年三月末から、約二ヘクタールを借り受け、未経験の稲作に挑んだ。ハウスの苗床に手作業で水をやるため起床は午前四時。減農薬の田んぼにはあっという間に大量の雑草が茂り「拷問のような草取り」が続いた。

「毎日、俺よりもずっと早起きだったもんなあ」。伊藤が「農業の師」と仰ぐ隣人の目《め》黒《ぐろ》明《あきら》（七三）が振り返る。

実りの秋、伊藤の苦労は約八トンの米の収穫となって報われた。「夕霧米」と商標登録された米は通信販売で好評を博し、副業でつくったハチミツも、予想もしないような高値で売れた。

形がイノシシの鼻に似た巨大なイノハナタケやマツタケなどのキノコ。タラノメやウド、さまざまな木の実。近くのダム湖ではイワナが釣れ、流れる川には今では珍しくなった天然ウナギがすむ。村にあふれる自然の恵みが食卓に並び、日々の暮らしを彩った。

「苦労は多かったけど、それまでの人生六六年の中で一番楽しい一年だった」と伊藤は言う。

「山で集めた腐葉土でカブトムシを育て、家族連れの観光客を呼び寄せよう」「田んぼと羊のオーナー制度もいい」——。自然の恵みに注目した事業のアイデアは尽きなかった。水田の借り上げも四ヘクタール増やし、もち米や古代米も栽培することにした。

刺されるのを覚悟でハチの群れを集める苦労さえいとわなければ、ハチミツづくりの利益は大きい。慣れぬチェーンソーで太い丸太をくりぬき、巣箱造りに汗を流した。

「あのころは楽しかったよなあ。俺は本当にハチミツがやりたかった」と「ふぁーむ」に姿を見せた当時の同僚、小暮俊和《こぐれとしかず》（五七）が言う。までいな暮らしの実現は順調に進んだ。あの日までは……。

請求書

一一年三月の東京電力福島第一原発事故。一五日に爆発した二号機から放出された大量の放射性物質は、風に乗って飯舘村方向に運ばれ、折からの雨と雪によって村の大地に降り注いだ。

「さあこれからという時に全てを奪われた。東電を恨んでも恨みきれない」と言う伊藤は、事故直後から村内の土地や村の産物の放射線量を測り続けている。

森の恵みの象徴であるキノコの汚染はいまだに深刻だ。マツタケが大豊作だった昨年、最大値は一キロ当たり三〇三二ベクレル。シイタケは同九万八八三九ベクレルにもなり、一般食品の基準、一〇〇ベクレルを大きく上回る。

だが今の補償制度は経済的な損失だけに注目する。キノコに代表される森の恵みは対象外だ。

事故の翌年の秋、伊藤は汚されたマツタケに二〇万円の請求書を付けて、東電会長に送った。

「東電は森の恵みの価値を知るべきだし、このマツタケを目の前にして食べることができない村人の気持ちを理解するべきなんだ」

飯舘村は高地にあって過去に何度も冷害に襲われた。冬の訪れは早く、寒さは厳しい。夜に降り始めた雪は、あっという間に辺りを一面の雪景色にかえた。

放射性物質が「までいな暮らし」を破壊した三月一五日。「あの日も前が見えなくなるくらい激しい雪が降っていたなあ」。ハンドルを握る伊藤がつぶやいた。視線の先の農地には、除染で発生した大量の土砂を入れた黒いバッグが積み上げられていた。

●記者ノート●

お金で買えないもの

「飯舘村の自然の恵みがいかに豊かで、ここがいかにいい所だったかを、事故で失って初めて知った」とある村人が話す。彼は「山菜やキノコ、山の動物といった森の恵みはもう戻らないが、金銭に換算できないので賠償の対象にはならない。最近では『キノコなんてそんなに大事なものなのか。どこかで買えばいいじゃないか』という声まで聞こえる」と言う。

原発事故は、国内総生産（ＧＤＰ）を増やすことにばかり熱心で、貨幣に換算できないものの価値を無視してきた日本人に反省を迫った。そして、目先の利益だけにとらわれない社会づくりに取り組むきっかけにできるはずだったのだが。

二〇一四年一月二五日配信

◆岐路から未来へ◆

反原発の市民運動

嫌がらせに屈しない——運動高揚の陰で

文　・井田徹治
写真・有吉叔裕

輸送船あかつき丸が港に迫っていた。上空を警備の飛行機やヘリコプターが飛び交う。海上を跳ねるように進む環境保護団体のボートは「運ぶな！使うな！プルトニウム」と横断幕を掲げ、入港に抗議していた。

一九九三年一月五日、茨城県東海村の東海港は、騒然とした空気に包まれた。あかつき丸が積んでいたのは、日本の原発から出た使用済み核燃料をフランスで再処理して取り出したプルトニウム。核燃料サイクルの是非や核物質輸送の安全性をめぐり、その入港は当時、最大の争点だった。

匿名の封書

反核団体「原子力資料情報室」のメンバーとして数日前から岸壁で双眼鏡を握って監視を続けてきた鮎川《あゆかわ》ゆりか（六六）はこの日、記者に声明文を配り、抗議の声を上げていた。

欧米の市民団体や研究者らと協力してプルトニウム輸送反対のキャンペーンを続け、政府が隠していた輸送容器の安全性の問題点を明らかにするなど、市民運動が大きな成果を挙げていた時期だった。

「反原発へのいやがらせの歴史展」で、原子力問題に関する発言を続ける米国詩人アーサー・ビナード（左）と話す鮎川ゆりか。

市民のカンパや米国の財団の支援を受け、各国の専門家や運動家を集めてプルトニウムに関する国際会議を開催。輸送船が近くを通る可能性があるとして懸念を表明していた太平洋の島国、ナウルの大統領を日本に呼んで話をしてもらった。「市民団体がここまでやれるのかと、政府や原子力の推進派も驚いたはず」。鮎川はそう振り返る。

だが、悩みもあった。九二年ごろから大量の封書が連日、自宅に配達されていたのだ。重ねると厚さ二〇センチ近く。大きさも消印の地名もさまざまだが、どれも差出人の名はなかった。「中にはトイレットペーパーや吸い殻。中傷や嫌がらせの文句も並んでいた」。事務所に出勤すると、そこにも同じような郵便物の山。

九二年夏、原子力資料情報室の代表、故高木仁三郎《たかぎじんざぶろう》の名をかたって、各地の運動団体に「さしたる成果もない」と批判する暑中見舞いが届く。情報室が困窮していて「一時的な閉鎖もあり得る」「緊急のカンパを」と呼び掛ける手紙も多くの関係者に送られていた。

高木の自宅には、頼んでもいない英会話の教材が何回も送られ、返品に追われていた。子どもと町を歩いている姿を隠し撮りされ、その写真を送り付けられたメンバーもいる。市民運動の高揚期は、運動への嫌がらせがピークを迎えていた時期でもあった。

最大の標的

反原発運動に長くかかわってきた弁護士の海渡雄一《かいどゆういち》（五八）は「大きな存在感を示していた高木と原子力資料情報室のメンバーは最大の標的だった」とみる。「公的機関でなければ入手できないような個人情報や、違法に手に入れたとしか考えられない文書も使われていた。金も手間もかかる嫌がらせは、原発推進派による組織的な行動だったに違いない」

手紙の束が届く日々は一年近く続いたが、鮎川は「私の被害なんかまだ軽い方だった」と言う。ほかの運動家の自宅には、突然二〇人前のすしが出前されたり、注文もしていない布団が送られたりしてきた。「この間、コンビニですぐ後にいたのに分からなかった?」という脅迫めいた手紙、ポルノ写真、みだらなイラストも送られ、そのために運動を離れた人さえいた。

地球的課題

二〇一一年三月の東京電力福島第一原発事故を機に、国会前のデモや大集会が繰り返され、反原発運動は空前の盛り上がりを見せる。しかし、それに対する嫌がらせも再び、激化している。

反原発デモに参加し、ネットでも積極的な発言を続けている元タレント、千葉麗子（三九）は犠牲者の一人だ。

「昨年七月、学校に出掛けた子どもが『やられてる！』と叫んで駆け戻ってきた。外に出ると車の窓ガラスが割られ、四輪全部がパンクさせられていました」。ボンネットにはスプレーで「原発推進」の文字があった。

「『デモに行っている間、おまえの息子一人だな』とネットに書き込まれました。自分への脅しには屈しないけど、子どもの安全が脅かされるんじゃないかと思うと……」。薬なしには眠れない日が続き、やむなく引っ越しもした。千葉は目に涙をにじませ、つらい経験を語る。

「二〇年以上たっても状況は全然、良くなっていない。手書きの封書なんて今にしてみればかわいいもので、千葉さんのケースを見れば、手口はかえってひどくなっているようだ」と鮎川。「嫌がらせのような姑息《こそく》な手段ではなく、正々堂々と議論してほしい」

原発問題は国家を超えて地球的な課題となっている。いま鮎川は、千葉商科大教授として、学生たちと事実を踏まえたオープンな議論や研究を続けている。

●記者ノート●

市民科学者

環境問題や原発問題に取り組む市民団体の存在は重要だ。欧米には、多くの専門的な科学者を抱える団体もある。それに比べ日本の団体は、資金力も乏しく、社会的認知度も低い。厳しい立場に置かれている。

二〇〇〇年に亡くなった高木仁三郎は、市民の立場から国の政策を批判的かつ科学的に検証する「市民科学者」の重要性を訴え、行動した。いま彼の著作を読み返すと、その指摘が的確なものだったことに感服する。原発事故後の日本にこそ、高木さんのような市民科学者が求められる。そして、彼らの主張を真剣に受け止め、社会に伝える「市民科学記者」を常に目指していたい。

二〇一四年二月一五日配信

◆岐路から未来へ◆

プラント技術者

公害経験を事故処理に生かせ――組織でなく人々に仕える

文　・太田昌克
写真・有吉叔裕

地震で外部電源を喪失、一～三号機は津波で冷却機能を失って炉心溶融、一部は「メルトスルー（溶融貫通）」の可能性も――。東京電力福島第一原発事故発生から約三カ月後、政府の原子力災害対策本部が報告書を公表した。「メルトスルー」という耳にしたこともない言葉が新聞の見出しに躍る。

東電や政府は事故当初、炉心溶融の恐れについてすら口をつぐんでいたのだが。

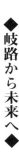

命運分ける

「福島は大変なことになっているようだ。とりあえず集まって原発の勉強を始めないか」

プラントエンジニアリング大手、千代田化工建設のＯＢで七〇歳を迎えたばかりのプラント技術者、筒井《つつい》哲郎《てつろう》はそのころ、昔の仕事仲間らと、連絡を取り合い始めていた。

炉心冷却に手間取り、水素爆発が続発。放射性物質が拡散し、収束の気配が見えない。市民の不安

都内で開かれた警鐘を鳴らす有事の仕事人「プラント技術者の会」。右側中央が筒井哲郎。

は深まるばかりだったが、次々訪れる「想定外」の有事に対処できず、原発のプロたちは右往左往していた。

「エネルギープラント建設の技術者として、原発に隣接する分野の専門家として、勉強をして、なにがしかの貢献をしたい」。同じ思いを抱いたプラント技術者約一〇人が集まり「プラント技術者の会」を結成。在野の科学者や研究者、市民団体が原子力について研究・提言する「原子力市民委員会」にも参加した。

「われわれは原発の素人だが、同じ技術屋としてもう我慢できなかった」と筒井は振り返る。

プラント技術者に「想定外」は許されない。二～三年の工期内に、製油所や化学工場などの大型施設を建設する。現場には千人単位の人間が集結し、一気呵成《かせい》に仕上げる。特に海外での工事は、資機材の納入遅れや天災、時には紛争すら想定しておかないと仕事が前へ進まないという。

筒井は一九八〇年代、イラン・イラク戦争下のイラクで製油所建設に携わった。「イラン軍の戦闘機が機銃掃射をしてきた。石油タンクの中へ入ると天井に無数の穴が開き、プラネタリウムのようだった」

マニュアルを超える事態にも柔軟に対応し、必要なら作業員を一気に増やして作業を急ぐ。プラント技術者が身上とする、こんな「有事のフットワーク」の欠如が、短期収束か長期混迷かの岐路にあった原発事故の命運を分けたと筒井は考える。

市民に足場

「炉心溶融物の中心温度は溶融点に達しているのか」「温度計算モデルはどういう方式か」

今年一月一一日、都内の会議室で開かれた「プラント技術者の会」の定例会。福島第一の炉を水ではなく空気で冷却する方法を議論した。汚染水を抑制するためにも空冷の方がいいのではないか。

深刻化する汚染水対策はプラント建設と共通する部分が多い。臨機応変に事態に対応できるよう、プラント事業では「プログラムマネジメント組織」を設置する。汚染水対策でもこの手法を採り入れるよう求め、昨年八月の原子力市民委員会の緊急提言に盛り込まれた。

政府と東電が策定した廃炉の工程に対しても、技術的により合理的で、労働者被ばくを最小にする方法を提案した。米シンクタンク「憂慮する科学者同盟」のように、市民社会に足場を置きつつ、技術者や専門家が知恵を出し合うやり方を貫く。

個々の倫理

「プラント技術者の会」は自らの専門性と経験に加え、会員個々が内面に抱く「技術者の倫理」を大切にする。

一九六〇年代末、筒井のいた千代田化工建設は、有機金属化合物・四エチル鉛の製造工場建設を受注する。四エチル鉛は当時、自動車用ガソリンに添加されたが、公害のもとになる猛毒だった。四日市ぜんそくや水俣病が社会問題化した時期。筒井は「代替技術もあるのに、こんな事業をやるべきでない」と主張した。

上司は「嫌だったら、この仕事から外してもいい」と配慮してくれたが「どうせ別の仲間がやらなければならないのなら」と引き受けた。

西日本に建設した工場は完成と同時に閉鎖された。米国の自動車排ガス規制強化の流れを受けて、日本でもガソリン無鉛化が打ち出されたからだ。

筒井は労働組合活動を通じ、他社の技術者らとともに、化学工場を原因とする公害問題を自らの仕事の問題として議論した。三〇年のブランクを経て「プラント技術者の会」に集まったのは、当時、組合活動の中で語り合い、共闘した仲間だった。

技術は社会に便益をもたらす。技術者は人々に仕えるべきだ――。筒井らが共有する「技術者の倫理」だ。

東電福島原発事故は、日本の技術者が組織に埋没している姿を白日の下にさらした。岐路はどこにあったのか。筒井らは市民社会に仕える職能集団として発言を続ける。

●記者ノート●

仕事のやり方

仕事にはいろんな職種があって、やり方も千差万別だ。多くの仕事の場合、そのやり方は机上の議論ではなく、現場の状況と、そこで働く者の経験則が決めていくのだろう。

東京電力福島第一原発の現場はどうか。汚染水問題が象徴するように、すべてが後手に回っている。また最高意思決定者が東京からテレビ会議で現場に遠隔指示する光景は、現場本位ではなく、組織優先の対応という印象すら抱かせる。

原発については通常運転と保守点検の経験しかない電力会社に、そもそも事故に対処できる能力があったのか。「有事のプロ」の結集は今からでも遅くない。

二〇一四年二月二二日配信

◆岐路から未来へ◆

核武装研究

非核の選択、「傘」に依存――胸に刻んだ国策の誤り

文・太田昌克
写真・堀　誠

一月三〇日（火）曇　六時前退庁、東京・四谷の料亭福田家。永井《ながい》陽之助《ようのすけ》氏と前田《まえだ》寿《ひさし》氏あり、間もなく垣花秀武《かきはなひでたけ》氏も来り七人で宴――。

八歳の時から毎日欠かさず付けている志垣民郎《しがきみんろう》（九一）の一九六八年の日記帳には、こんな記述がある。志垣が内閣官房内閣調査室の内閣調査官だった当時は米ソ冷戦のまっただ中。しかも日本と国交のない中国が、核兵器開発を進めていた。

中国に対抗し核を保有するべきか否か――。当時、佐藤栄作政権でひそかに検討された独自核武装論。志垣の日記にある四谷の会合は、自ら核保有せず米国の核の傘に依存する「非核の選択」を政権中枢に勧告する議論の始まりだった。

内なる冷戦

「中国の核実験が一番大きかった。これはいけない、自分たちも研究しなくてはと思った」。志垣は日記帳を脇に、六〇年代に自身が企画立案した核武装研究について回想し始めた。

六四年一〇月一六日、中国が初の核実験を行う。志垣はすぐに旧知の国際政治学者、若泉《わかいずみ》敬《けい》に研究を依頼、若泉は二カ月足らずで報告書をまとめた。

マル秘の判がある報告書は日本の財政事情、国民感情、米国の反対を理由に「自ら核武装はしないという国是を貫くべき」とし、独自核武装を退けた。一方「どうしてもやらざるを得ない場合」に核開発できる潜在能力を維持するためにも「原子力の平和利用に大いに力をそそぐ」と追記する。

核武装研究について回想する志垣民郎。

若泉はそれから五年後の六九年秋、佐藤首相の「密使」として訪米。核抜き本土並みの沖縄返還実現へ向けホワイトハウスと水面下の交渉を行い、核撤去の見返りに有事の際に沖縄への核再持ち込みを認める「沖縄核密約」を練り上げた。

「若泉とは彼が学生時代からの付き合い。東大に（反共保守の）学生組織があり、若泉らを支援した」と志垣は明かす。

五一年調印のサンフランシスコ講和条約をめぐっては、ソ連など東側陣営も加えた全面講和か、西側だけとの単独講和かで国論が揺れた。内閣調査室は、単独講和を起点とした日米同盟論者の若泉らを支援することで保守政権の基盤を強化。保革が鋭く対立する「内なる冷戦」を意識した工作を秘密裏に進めた。

カナマロ会

若泉の報告書を受け取った志垣は、核武装の選択肢をより包括的に検討するため、秘密研究会の設立に動く。

予算確保にめどをつけ、現実主義の国際政治学者、永井陽之助に相談。永井の助言を基に核問題に詳しい政治学者の前田寿、後に国際原子力機関（ＩＡＥＡ）次長となる核専門家の垣花秀武を集めた。六八年一月三〇日の日記はその初会合の記録だ。

さらに米国事情に明るい国際政治学者の蝋山道雄《ろうやまみちお》に声を掛け、垣花、永井、前田、蝋山の頭文字を取り「カナマロ会」と命名。以降、東京都内で月一～二回の会合を重ね、議論を深めていく。

志垣の日記。

三月一八日（月）曇　今年の研究計画検討、核武装が技術的政治的に可能かの問題など、各部門担当講師決定、スケジュール作る――。

四月一九日（金）雨後晴　垣花氏より（核物質の）濃縮ウランについて。日本の現状ではなかなか自分でできない――。

五月二四日（金）晴　垣花氏よりプルトニウム生産の隘路《あいろ》や人的不足のことなど説明――。

七月一二日（金）曇　カナマロ会軽井沢会談。三時ごろから一室に集合して報告書検討――。

一連の議論を踏まえ六八年九月、報告書「日本の核政策に関する基礎的研究」が完成。「プルトニウム原爆を少数製造することは可能であり比較的容易」としながらも、国民の支持や財政上の問題、ミサイル技術の不備など「多くの困難が横たわっている」と注記した。

否定の底流

カナマロ会はさらに核武装の外交的影響などを研究し、七〇年一月に報告書の続編を作成する。核武装すれば日本に対する中国の警戒心、米ソの疑念が高まるとし「日本の安全保障が高まるという結論は出てこない。核兵器の保有が大国の条件であると考えられる時代はすでに去った」と明言した。

「核兵器はなかなかなくならない」と語る志垣だが、約四五年前にカナマロ会が下した結論は「今も正しい」と語気を強める。「『日本は核武装すべき』との意見が今も一部にあるが、必ず中国と問題になるし、米国とも関係が悪くなる」

志垣の日記には二年分の欠落がある。第二次世界大戦末期、学徒出陣で中国に赴いた時の記録だ。

日記は付けたが復員前、破棄を命じられた。
「米国と戦争するなんて無謀。中国だけで日本は参っていた。絶対におかしい」。出征前からこう思っていたという。胸に刻んだ七〇年前の国策の誤りが、独自核武装否定の底流にある。

●記者ノート●

勇ましい議論の前に

「核兵器に関するシミュレーションぐらいしたらいい。核を保有していない国の発言力、外交力は圧倒的に弱い」

二〇一二年末の衆議院選挙前、日本維新の会の石原慎太郎共同代表が発した言葉に耳を疑った。「石原氏は過去の核武装研究のことを知らないのか」と思ったからだ。

日本の核拡散防止条約（NPT）加盟が議論となった六〇～七〇年代にかけて政府が関係した核武装研究は、志垣らが進めたものも含めて三つあるが、いずれも否定的だ。天然資源の乏しい被爆国の核保有は外交的、政治的、経済的コストを考えると、到底割に合わない。勇ましい議論の前に歴史をしっかり学びたい。

二〇一四年五月一〇日配信

◆岐路から未来へ◆

民権運動を心に

庭荒れ、止まらぬアラーム——求め続ける「安全」

文・平野雄吾
写真・堀　誠

黄色い芝生が広がっていた。敷き砂を覆い、枯れ山水の池をも埋める。赤枯れたマツ、折れた月桂樹《げっけいじゅ》……。東京電力福島第一原発から約八キロ、福島県浪江町川添地区。元中学教師の大和田秀文《おおわだひでふみ》(八一)の自宅は居住制限区域にある。庭はかつて植木職人が見に来るほどだったが、無残な姿をさらしていた。

「がっかりだよ。一時帰宅するたび、情けなくなる」。表情は晴れない。「今の時期、本当は青々としているんだ。もう見たくねぇな」

四〇年以上、反原発運動に関わってきた。だが、爆発で噴き上げられた放射性物質は、賛成も反対も関わりなく降り注いだ。

大和田の自宅の放射線量は、いまだに庭の地表面で毎時八マイクロシーベルトに上る。単純換算すると年間約七〇ミリ、一般人の許容被ばく線量の七〇倍に当たる。

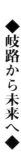

庭に飾ってあったツルの置物を持つ大和田秀文。自慢の庭も草が伸び放題になり高い放射線量が計測された。

原点

事故後、大和田は妻とともに福島県喜多方市に避難した。喜多方は原点ともいえる町だ。大学卒業後の一九五六年、中学の社会科教師として赴任。その年、市内の書店で偶然『第三の火——原子力』（中村誠太郎著）という本を手にする。原子力の仕組みや明るい未来を解説しつつ、原発から出る放射性物質の抑え込みに「完全を期するのは困難である」、放射線障害について「どのような偉い学者も絶対にこのような恐れがないと断言することはできない」と述べていた。衝撃だった。

大和田は六一年、福島県浜通り地方にある富岡町の中学に転任。以来、同じ浜通りの故郷、浪江町に住み、五四歳で退職するまで浪江や楢葉町、大熊町で教えた。

浜通りには原発が次々に建った。電力各社

は国策に従い、日本の経済発展を支えるべく原発の立地を求め、経済成長から取り残されていた浜通りの町が応じたからだ。原発マネーで競うように立派な公共施設ができた。農家は出稼ぎから解放され、原発関連企業で働き始める。地域は豊かになった。誰もがそう思った。

底流

街のざわつきをよそに、大和田は反原発運動にのめり込む。原発を学ぶにつれ、それが犠牲の上に成り立っているという確信が深まった。

東電とは別に、東北電力が六八年、浪江町と小高町（現南相馬市）にまたがる浪江・小高原発計画を発表する。大和田は地権者と連携し、集落を回った。手にあったのはいつも『第三の火』。退職後も農業をしながら、反原発団体の代表として危険性を訴える。浪江・小高は「計画」のまま時が過ぎた。

原発で事故やトラブルが起きれば、安全対策の強化を求めた。福島第二原発の設置許可取り消し訴訟には原告として参加。安全対策をめぐる東電との交渉は毎月のように開かれ、一〇年ほど前からは津波対策もテーマになったという。

「建屋の扉を二重にした方がいい」と求めたが「大丈夫です」。「非常用ディーゼル発電機を地下から二階に上げなくては危ない」と指摘しても「二階にはスペースがありません」。

金のかかる対策は後回しにされた。「それが事故を招いた」と思う。

大和田を突き動かしてきたものは何か。

明治時代、福島県は高知県と並ぶ自由民権運動の地だった。闘士の一人に浪江町の苅宿仲衛《かりやどなかえ》

（一八五四～一九〇七年）がいる。大和田は末裔《まつえい》だ。

苅宿は自由党に参加、遊説委員として自由や民権の思想を説いた。三回逮捕され、激しい拷問を受ける。それでも後に県会議員となり、地域の発展に尽くした。

最初の逮捕は一八八二年、道路建設の労役を課せられた農家と、支援した自由党員が蜂起した福島喜多方事件。逮捕直前、苅宿は警官を待たせて書を残した。「自由や自由や、我なんじと死せん」

信念

「信念を貫いた先祖がいたという事実はおれを勇気づけた。負けずに反原発をやろうと。おれにとっての民権運動は反原発だった」

原子力委員会が一九六四年に策定した「原子炉立地審査指針」は次のように定める。①原子炉からある距離の範囲は非居住区域　②非居住区域の外側は低人口地帯　③原子炉敷地は人口密集地帯からある距離を離す――。

大和田は「都市と過疎地との差別だ。危険だからこそ過疎地に原発を造る」と憤る。被ばく労働で健康不安にさいなまれる町民を何人も目にしてきた。「原発マネーでは地域は豊かになれない。原発は誰かを犠牲にしないと成り立たない、人権を無視した産業だ」

事故から三年が過ぎても、一三万人以上が故郷を離れ、避難生活を送る。大和田は昨年暮れ、福島県いわき市に移った。

久しぶりに戻った浪江町の自宅はかび臭い。「情けねぇな」とつぶやきながら、ネズミ駆除剤をまいた。事故から四回目の春。ウグイスの鳴き声が聞こえる。線量計のアラーム音がやまない。

●記者ノート●

誠実さ

「まさか自分が原発事故で自宅を追われるとは思わなかった。交通事故で何人も亡くなるのに、自分は遭わないと思うのと同じだな」。立派な庭園を造った理由を尋ねると、大和田は答えた。「人間の浅ましさだよ。自分は大丈夫と思ってしまうんだ」。熱い信念や真っすぐな情熱に加え、誠実な人柄に引かれた。

政府は今年四月、原発再稼働を明記したエネルギー基本計画を策定した。海外への原発輸出ももくろむ。

一方、全国各地で毎週のように原発反対を訴えるデモや集会が開かれるようになった。大和田が種をまいた〝現代の自由民権運動〟の芽は花を咲かせるだろうか。

二〇一四年五月一七日配信

◆岐路から未来へ◆

原発ゼロの提言

巨大国策、公論に決すべし——次代に恥じない政策目指す

文・太田昌克
写真・堀　誠

二〇一二年八月二二日夜、首相官邸に近いホテルの一室。原発政策を所管する国家戦略担当相の古川元久は、自身が知恵袋とする官僚、経済学者ら六人に一枚の紙を示した。

「〇〇年の原発ゼロ。原発の新設・増設はなし。核燃料サイクル政策の見直し……」。

達成期限は空白ながら、脱原発の方向性がはっきりと打ち出されていた。ペーパーは、東京電力福島第一原発事故を踏まえ、古川が近く首相の野田佳彦に提示する新たなエネルギー政策の根幹を描いていた。

原発ゼロを決めたのは、福島での原発事故を教訓に当時の民主党政権が進めた「国民的議論」の結果だった。当初は脱原発に懐疑的だった野田も翌九月、最終的に「二〇三〇年代の原発ゼロ」の腹を固める。

首相官邸の前に立つ伊原智人。国家戦略室企画調整官として「原発ゼロ」の新政策の草案を書き上げた。

六人衆

古川の前に集まった六人は当時、政権内で「六人衆」と呼ばれた。その一人、国家戦略室企画調整官の伊原智人（四六）は以降、古川のペーパーを基に新政策の草案を書き上げる。

「国民的議論から、半数を超える国民がゼロを求めているのは明白だった。ただ三〇年時点でゼロとするのか、しばらく原発数基を残すのか、達成時期では意見が割れていた。だから『三〇年代末のゼロ』と幅を持たせ、国民的議論との整合性を保った」と伊原。

一二年末の野田政権退陣とともに官僚を辞め、今は再生エネルギー関連企業の代表を務める。再三、口にする国民的議論とは、民主党政権が採用した新たな手法だった。

野田政権は原発事故後のエネルギー政策立案に先立ち、将来の原発比率について①〇％　②一五％　③二〇〜二五％——の三つの選択肢を示し、市民が意見を述べる意見聴取会を福島市など一一都市で開催した。言いっ放しではなく、発表後には参加者の意見を集約、市民の真意をつかもうと努めた。

次代にツケを残しかねない巨大国策は、十分な議論を踏まえた公論に決すべきだ――。それは過去の苦い挫折を経て、ますます強固になった伊原の持論でもあった。

請求書

伊原は原発事故が起きる六年前に経済産業省を辞め、事故の三カ月後に政府に再就職した出戻り官僚だ。民主党政権幹部から「新しいエネルギー政策を一緒に作らないか」と打診され応じた。「硬直的な電力行政を変える機会は今しかない。その仕事に携われるのなら……」。そう考えたという。東大を出てキャリア官僚となった伊原が〇五年に経産省を去ったのも「硬直的な電力行政」のためだった。

〇四年春、経産省資源エネルギー庁の若手官僚数人が作成した文書が、原子力ムラを震撼《しんかん》させた。「一九兆円の請求書」。こう題した文書は、原発の使用済み燃料を青森県六ケ所村で再処理し、抽出したプルトニウムを燃料として再利用する核燃料サイクル事業を実施した場合、施設解体費も含め総額一九兆円の巨費がかかると試算した。

核燃サイクルは資源小国の日本が追求してきた国策だが、コストが莫大《ばくだい》なうえ、プルトニウムを量産することから核不拡散上も問題になる。一度立ち止まり、国民的議論を起こすべきだ――。文書はこう呼びかけた。

新聞記者や国会議員、専門家に配られ、やがて電力業界の知るところとなる。業界が文書を問題にし始め、原子力ムラからは「怪文書」呼ばわりされた。再処理工場の立地・青森県も反発、経産省で〝犯人〟捜しが始まる。

裏付け

伊原はいま、作成者の一人が自分だったことを明かし、文書を書いた理由をこう説明する。
「原子力行政を担当して、経産省や電力業界の中にさえ、核燃サイクルの実現性に疑問を抱く人間がいることを初めて知った。破綻すれば国民への影響は甚大だ。続けるなら、負担を担う国民がまず議論し、考えるべきだ。その機会をつくりたかった」

当初、省内で政策論議を進めようとしたが、事業を中止した場合、電力業界から責任を問われることを恐れた経産省中枢は及び腰だった。国策に従ってきた電力業界も、自分たちから「核燃サイクル見直し」を言い出す気は毛頭なかった。

省内の〝犯人〟捜しに、自ら文書作成を認めた伊原は電力行政を外され、一年後に退官、民間に転じた。

原発事故後、政府に舞い戻ったのは国民的議論を土台にした公論をもとに「子どもたちに恥ずかしくないエネルギー行政」を実現するためだった。

伊原の目指した国民的議論は、自民党の政権復帰で後景に退いてしまったように見える。それでも確信は揺らがない。

「原発を続けるにせよ、やめるにせよ、国民的議論という裏付けがない限り、この国の原子力政策は立ちゆかない」

●記者ノート●

民主主義の退化

二〇一二年に民主党政権が進めた「国民的議論」は、「討論型世論調査」という新たな手法を取り入れるなど、市民との直接対話を踏まえ政策決定の方向性を模索するユニークな試みだった。意見聴取会に電力関係者が紛れ込む問題もあったが、間接民主制を採用する日本の憲政史上、画期的と評価するのは言い過ぎか。

多数派は将来的な「原発ゼロ」を選んだ。しかし今、そんな議論などまるでなかったかのように、原発再稼働への動きが進む。多くの市民が求めるゼロの展望を示さぬままの原発回帰は、民主主義の退化をも意味する。それは集団的自衛権行使容認の問題にも通じる。

二〇一四年九月二〇日配信

第2章　共に生きる　自然と命

◆岐路から未来へ◆

動物園の危機を超えて

自然を生かし、人をつなぐ――トンボ飛びホタル舞う里山

文　・佐々木央
写真・萩原達也

水たまりをのぞくと数え切れないほどのオタマジャクシがいた。上を飛び交うのは青みを帯びたシオカラトンボだ。ココココ……。モリアオガエルの声も聞こえる。

富山市の動物園、ファミリーパークの「とんぼの沢」は懐かしい里山の風景そのものだ。そこから少し歩いて「ホタルのおやど」へ。園長の山本茂行《やまもとしげゆき》（六三）が説明する。「ここは初夏にホタルのトンネルになる。観察会を開くと、四日間で二万人の市民が見に来ます」

ファミリーパークにはゾウやライオンといった目玉動物はいない。その代わり豊かな自然に包まれ、むかし親しんだ生き物に会うことができる。

主役不在

山本は五月まで四年間、日本動物園水族館協会（日動水）の会長を務めた。会長として最後の仕事

「とんぼの沢」に立つ山本茂行。「富山ファミリーパークは動物園の中では異端児だった。それが一つのモデルになろうかというところまできています」

となった総会で、加盟約一五〇園館のトップや幹部にこう語りかけた。

「絶対に確実なのは、地球上から生きものがどんどん減少していくこと。野生動物を勝手に収集できる時代ではなくなり、動物園自体が問われている。あなたたちが野生動物を連れてきて展示する根拠は何ですかと」

任期中、動物園水族館の危機を訴え続けた。

動物園水族館を実態から定義すれば、野生動物を収集・展示する施設ということになる。主役は動物だ。だが、日本の動物園にいるアフリカゾウは二〇一〇年の四六頭から三〇年には七頭に減ると予測されている。ゴリラも一〇年の二三頭から三〇年は六頭に、水族館で人気のラッコも三四頭から一〇頭に。

海外から動物が入らなくなり、国内では動物の高齢化が進む。このままでは動物園自体が成立しなくなってしまう。

危機は内側にも。「動物園水族館を俯瞰《ふかん》して考える。そういう哲学を持つ若手が育っていない」。効率重視の経営が幅を利かせ、人的にも財政的にもぎりぎりで運営するからだ。「スタッフに余裕がなくなっている」

水族館も深刻だ。水質・水温・水流を維持するために莫大《ばくだい》なエネルギーを使う。国際的な海洋生態系保全の流れがあり、イルカの捕獲やショーも厳しい批判にさらされる。バブル期に計画・建設された巨大水族館は建て替え時期を迎え、存廃が議論になるのは必至だ。

日動水が一二年から各地で開くシンポジウムのタイトルは「いのちの博物館の実現に向けて」。サブタイトルで「消えていいのか、日本の動物園・水族館」と問い掛けた。「楽しい所だから来てくれと言い、まずいことは伝えていない。市民に現状を理解してもらって進まなければ」

山本の構想は、根底に「生物多様性保全」を置く。「希少種の保護や繁殖にとどまらず、自分たち人間が生きのびることも含まれる。人が生きていくには多様な生き物の存在が必要です。生き物から元気をもらわなければならない。動物園水族館はそういう場です」

地域の課題

富山県で生まれ育った。根っからの自然派で小学校高学年のころから河原で一人でキャンプをした。「怖いんだけど、星空が美しい。朝日が昇るときは感動でした」

大学を中退、山登りをしながら放浪していたとき、金沢市の民間動物園を訪れた。施設は劣悪、動物の説明も満足に書いていない。「飼っている意味がない」と直談判した。返事は「だったら君がやってみればいい」。

寸暇を惜しみ、働きながら学んだ。動物園にも哲学が必要だという思いを強くしていたとき、富山市の動物園計画を知る。あるべき姿をつづった論文を市に送ったのがきっかけで、建設段階から関わることになった。

当初、園内の自然には手を付けない方針だった。「とんぼの沢」には絶滅危惧種、ホクリクサンショウウオがいた。だが、ヨシが生えて湿地でなくなっていく。もとは田んぼで、人の手で維持していた場所だったのだ。

今では秋に企業の経営者らが長靴をはきバケツを持って、泥だらけになって湿地の維持作業をする。「ここが里山再生に向かう原点になった」

〇四年、各地でクマが出没、被害が相次いだことが次の転機に。「里山の崩壊がクマの出没につながる。園内の里山ごっこを脱し、地域の課題に取り組まなくてはと思った」

園が位置する呉羽丘陵に人を呼び込み、地域で里山づくりを進めるＮＰＯをつくった。園内の「さとやまの木道《こみち》」は車いすでも森を散策できる。その整備もＮＰＯが担う。

日本の動物園の多くは、珍しい動物を集めて展示する西欧型を模倣した。山本の理想は、地域と共生し、自然を生かし、人と人をつなげる拠点になることだ。動物の命を感じ、人の心を豊かにし、生きる力を育む場。「日本型動物園」と名付ける。先行モデルはない。

ファミリーパークで入園者を迎えるのは、日本に昔からいるタヌキやサル、カモシカ、日本鶏、在来馬たち。この道が動物園の未来を切り開く。山本はそう信じている。

●記者ノート●

境をなくす

富山市ファミリーパークは不思議な動物園だ。どこまでが動物園で、どこからが自然の呉羽丘陵なのか分からない。

究極はムササビだろうか。丘陵にすむムササビの滑空ルートや営巣場所を調べ、巣箱を設置している。ムササビが営巣した巣箱から、取り付けたカメラでライブ中継する。子育てをする姿まで映像で見ることができる。野生動物と展示動物との境はない。

ＮＰＯやボランティアとの連携が緊密だ。ホタルの観察会は夜間、照明を落とす必要があるから足元が危ない。地元の人たちが一〇メートルおきに立ち、安全を確保する。職員と市民との境が消え、みんなが動物園を支えている。

二〇一四年六月七日配信

◆岐路から未来へ◆

野生物の保護

絶滅危機のヤマネコを救え——共存訴える発見者の娘

文・井田徹治
写真・堀　誠

「1月1日20：30ごろ死体発見」「既に死んでいたがまだ温かく、事故直後と思われた」——。

一月二日、沖縄県の西表島から届いた一通のメールが、戸川《とがわ》久美《くみ》（六二）の新年を暗転させた。

個体数は一〇〇匹程度、イリオモテヤマネコには絶滅の危機が迫る。交通事故死を知らせるメールには、路上に横たわる死骸の写真が添付されていた。

「正月早々だったので心底、やるせない気持ちになった」と戸川。二〇〇九年に設立したＮＰＯ法人「トラ・ゾウ保護基金」の理事長として取り組むイリオモテヤマネコの保護活動は、無力感との戦いでもある。

二者択一

戸川とイリオモテヤマネコの出会いは古い。一九六七年三月からの八二八日間、中学生だった戸川は、二匹のイリオモテヤマネコと自宅で一緒に暮らした。

戸川の亡父、幸夫《ゆきお》は著名な動物作家で、イリオモテヤマネコの発見者でもある。本土復帰前の六五年、西表島で骨や毛皮を集め、新種の存在を明らかにした。その二年後、捕獲された二匹の引き取り先が決まるまで、幸夫は自宅でイリオモテヤマネコを飼育した。

「においは臭いし、近寄ると『フーッ』とうなって牙をむく。おまけに、おりを置くからといって子供部屋を追い出された。いい思い出はなかった」と戸川は振り返る。

新種の大型哺乳類の発見は世界中を驚かせた。日本の野生生物研究史上、最大級の成果で、貴重な沖縄の自然保護に人々の目を向けさせるきっかけになるはずだった。

だが、現地では「保護か開発か」「ヤマネコか人間か」という二者択一の議論が続き、保護への理解は進まなかった。

貴重な発見は、本土復帰が決まって「これから開発だ」という島の人々にとって必ずしもありがたいものではなかった。さらに、英国の研究者が「イリオモテヤマネコの保護のため島民は石垣島に移住するべきだ」と提言し、住民感情を逆なでした。「幸夫先生は人気者だった」という島民の池田信《いけだのぶ》子《こ》（八六）も「島から出ていけなんて言われたもんで、みんな怒っちゃった」と話す。

戸川によると、父はその後、西表島を訪ねることもなくなって島民との付き合いも薄れ、家族に西表の話をすることもほとんどなくなった。

1965年に「タイプ標本」となるイリオモテヤマネコが捕らえられた南風見田の海岸の水場に立つ戸川久美。

路上の餌

開発や農地改良事業、道路建設が生息地の森をむしばんだ。イリオモテヤマネコは天敵がほとんどいない島で太古から生き続けてきた。そこに高速で走る巨大な鋼鉄製の天敵まで出現する。

記録に残る最初の事故死は七八年。その数は、道路整備が進むとともに増えた。二〇一三年、自動車の犠牲になったイリオモテヤマネコの数は過去最高の六匹に。路上で車にひかれる多数のカエルやカニが、ネコにとっては格好の餌となり、事故を誘発する。

〇七年、戸川は初めて西表島の土を踏む。父は既にこの世になかった。その二年後から保護活動を始めた。生息地破壊につながる開発行為の変更や中止を求める提言とともに、交通事故対策が重要な課題となった。

夜間の道路脇でスピードダウンを呼び掛ける

「やまねこパトロール」を始めた。住民から参加者を募り、看板やライトを配布、スピードガンを使って車の速度や種類を調べる。

だが、パトロールを尻目に、制限速度四〇キロの道を、七〇キロ超で車が通り過ぎて行く。「あのスピードではヤマネコを見つけても絶対に止まれない。速度オーバーはれっきとした法律違反なのに」。戸川は嘆く。

記念の地

ことし五月、戸川は西表島の南部、南風見田《はえみだ》という名の海岸に立った。

ここの水場で一九六五年、地元の大原中学校の生徒らが瀕死《ひんし》のイリオモテヤマネコを捕らえた。ネコは間もなく死んだが、学校に保存されていた骨と毛皮を父が譲り受け、これが種としての基準となる「タイプ標本」となった。

だが、水場にも海岸にも、そのことを示す掲示板はない。地元でもここが記念すべき場所であることを知る人は少ない。

戸川が取り組むもう一つの活動は、地元の小中学校で保護の重要性を話す「ヤマネコ授業」だ。

父にゆかりの大原中の生徒でさえ、イリオモテヤマネコを見たことがなく、自分たちの先輩が大発見に貢献したことを知らない。それに気付いたからだ。授業で戸川はイリオモテヤマネコと人間が共存することの大切さを語る。そして「なぜ路上に出てくるのか、ヤマネコの身になって考えてほしい」と訴える。

「ヤマネコがいる環境の素晴らしさ、それが人間にとっていかに貴重かが理解されれば、野生生物を守りながら人間も豊かになる道が見つかるはずだ」

●記者ノート●

想像力

ゴリラやアフリカゾウ、ヤンバルクイナなど各地で絶滅危惧種をめぐる状況や保護活動を取材してきたが、イリオモテヤマネコの状況はことのほか厳しい。多数の看板や表示、ヤマネコ用のトンネルの設置などの対策は取られているのだが、交通事故は後を絶たない。一方で西表島では至る所でヤマネコグッズを目にする。彼らは島にとっての貴重な資産でもある。

イリオモテヤマネコを自分たちの世代に絶滅させてしまったら、子どもたちはなんと言うだろうか。今、この瞬間に道路にヤマネコが飛び出してきたら、どうなるだろうか。それを想像してみることが保護のきっかけとして重要だと思う。

二〇一四年六月一四日配信

◆岐路から未来へ◆

コウノトリ野生復帰

自然と共生、地域の誇り——安全・安心に経済価値も

文　・諏訪雄三
写真・泊　宗之

透明なプラスチックの箱を田んぼの濁った水に入れて中をのぞく。雑草がどれだけ出ているのか。顔を上げた成田市雄《なりたいちお》（五七）が笑った。「これなら大丈夫だ」

田んぼに入ると、泥が柔らかく深い。長靴が半分以上、沈み込む。芽を出した雑草は代かきで浮かし、種は泥の下に深く沈めて発芽させない。この泥の厚さが「コウノトリ育む農法」のこつだ。

強く育つ

緩やかな山の間を流れ日本海に注ぐ円山川《まるやま》。その下流域にある兵庫県豊岡市は、野生復帰させたコウノトリを含むあらゆる生きものと共生する農業を目指す。成田は無農薬・無化学肥料を中心とした「育む農法」の中心メンバーだ。

稲作は雑草との戦い。代かきなどで発芽を抑えれば除草剤は使わずに済む。「除草剤がなければ、

自分の田んぼの様子を調べる成田市雄。無農薬の水田には多様な生物が暮らす。

稲のストレスも減って強く育ち、農薬も一切いらない。体にいいコメができる。減反の時代、収穫量ではなく、安全なコメを作れば高く売れ、十分な収入が得られる」

コウノトリは無農薬の水田を知っている。汚染されておらず、餌になる魚やカエル、ヘビがいるからだ。「トラクターに乗っていると近くまでやって来ることもある」。成田はいつも声を掛ける。「私もがんばるから、おまえもがんばれ」。同じ生態系で生きる者同士のあいさつだ。

隣の朝来《あさご》市山東町では地域を挙げ、この農法に取り組む。村上彰《むらかみあきら》（六六）は「五年目にやっと来てくれた。無農薬を認定してくれたような気持ちで、記念写真を撮りましたよ」。生活の中にコウノトリがいる喜びがある。

最大の壁

ロシアから導入したコウノトリを増やし最初に放鳥したのが二〇〇五年。今、野生個体は約八〇羽になった。地域のシンボルとして農業や観光を通じ活性化に貢献する。野生復帰が経済的な価値につながる。その発想はどこから来たのか。

豊岡市長の中貝宗治《なかがいむねはる》（五九）は県議時代の〇〇年、ドイツのエルベ川沿いにあるルーシュタット村を訪ねた。村人は巣づくり用の台を屋根の上に置き、巣材も準備していた。「一番愛してくれる場所に来ることを思い知らされた」。コウノトリは観光客を呼び関連グッズも販売され、共に豊かになる関係が築かれていた。

「コウノトリが水田などで餌を捕れるようにするには農薬使用を減らすことが不可欠だ」。野生復帰を支援するため中貝は翌年、市長に転じた。

最大の壁は「コウノトリで飯が食えるのか」という声だった。善意の活動だけに頼ると息切れする。生活のために営む農業が、そのまま自然との共生につながるのが理想だと考えた。

そこで市と県、農家、農協も協力して無農薬の農法を研究。〇三年には基準を満たした農法でつくった農産物を「コウノトリの舞」ブランドとして市が認定する制度をつくった。「育む農法」もその一つになった。

安全・安心に加えて、野生復帰を支援するイメージもあってブランド作物は大人気に。市の試算によると、無農薬の稲作では、農家の所得は通常栽培に比べて約二・三倍になった。収穫量は二割減るが、農薬を購入する必要もなく、消費者の安全・健康志向から価格は高くなるからだ。

現在、市内農地の約一〇％が「育む農法」を実践する。「野生の個体が最後までいたのが豊岡だ。復帰で自然と共生するという地域の誇りを取り戻した」

第一段階

年間三〇万人が訪れる「兵庫県立コウノトリの郷《さと》公園」にある人工巣塔で子育てを見た。二メートルを超える羽を広げて滑空するコウノトリは圧倒的な存在感だ。田んぼを歩く姿は孤高を感じさせる。稲を踏みつける害鳥として明治期に狩猟対象になったこともあり、全国で急速に数を減らした。豊岡を含む但馬地方ではコウノトリを見守っていこうという意識が高く、戦前の最盛期には約六〇羽が生息。だが、営巣に使う松の伐採や農薬の普及で急速に減少した。県は野生個体を捕獲し繁殖に乗りだすが、一九八六年に日本のコウノトリは一度絶滅する。人間の都合に翻弄《ほんろう》されてきた。

豊岡の成功を受け、野生復帰を視野に入れた飼育が福井県越前市や千葉県野田市でも始まった。コウノトリと同じように日本産が絶滅したトキも野生に戻り始めた。

コウノトリの郷公園の研究部長、江崎保男《えざきやすお》（六二）は、豊岡の現状を「まだ第一段階」と指摘する。コウノトリは餌を捕まえるのが下手だ。「無農薬に加えて、川の魚が田んぼに上って産卵し、大量に繁殖するという川と水田のつながりの再構築が重要だ」

農薬や化学肥料の大量使用、必要な時期以外は水田を乾かす「乾田化」……。戦後の農業政策は生産性を最優先してきた。その抜本的な見直しが迫られている。

●記者ノート●

生態系回復に工夫を

戦後の土地改良事業では、農業機械を使って生産性を上げるため水田の乾田化を進めた。この結果、池や河川、水田が一体になって昔から守ってきた生態系が破壊された。メダカが絶滅危惧種になった。これが象徴するように、田んぼを生活の場所としていた身近な多くの淡水魚や両生類の数が大幅に減っている。

復活を目指し休耕田に水を張ってさまざまな動植物が生息するビオトープを整備する動きが活発だ。もっと多くの生物が生きていけるようにするには、川と水田のつながりを復活させる。さらに、休耕田を川の近くに集約して広い面積を湿地に戻すなど、生態系を回復させる工夫が必要だ。

二〇一四年七月一九日配信

◆岐路から未来へ◆

捕鯨論争

つくられた食文化論――市場めぐり、統計を追う

文　・井田徹治
写真・萩原達也

「このナガスクジラの肉はアイスランド産ね。いつ入ったの？　ベーコンはないの？」――。朝九時を過ぎたばかりだというのに強い夏の日差しが肌を刺す八月。東京・築地の魚市場に、フリーのジャーナリスト佐久間淳子《さくまじゅんこ》（五五）の姿があった。

汗だくになりながら鯨肉を扱う店を回り、巧みな話術で店員から肉の出所や価格、売れ行きなどを聞き出す。佐久間は、捕鯨論議の裏側にあるものを二〇年以上も追い続けてきた。

成功例

一九八八年、日本で初めて本格的なホエールウオッチングを始めた小笠原諸島への旅行に誘われ、太平洋を泳ぐ鯨を見た。日本が国際捕鯨委員会（ＩＷＣ）の決定を受け入れて商業捕鯨を中止、その代わりに調査捕鯨を始めたのが八七年。捕鯨が大きな注目を集めていたときだった。

鯨の肉を扱う店に立ち寄り消費傾向などの聞き取りをする佐久間淳子。

佐久間はその後、小笠原旅行の仲間らに誘われ、環境保護団体、グリーンピース・ジャパンの非常勤職員となり、南極海の調査捕鯨反対キャンペーンに取り組む。そこで直面したのが「鯨を食べることは日本の食文化だ」との主張だった。

佐久間自身、八四年ごろに新聞で「捕鯨禁止で食文化の伝統も破壊される」というコラムを読み「その通りだと思った」。

関連資料を集める中で佐久間はある時、一つの論文のコピーを手にする。「PR事例研究」と題された本の中の「捕鯨問題に関する国内世論の喚起」と題された論文の筆者は、個人ではなく「国際ピーアール」という会社だった。

そこには、日本捕鯨協会の委託を受けた国際ピーアールが、七〇年代半ばから「それぞれの民族の食習慣は固有の文化というべきもので、相互に尊重すべきである」という点を「訴求ポイント」の一つとして活動してきたことが明かされていた。

国際ピーアールは大手新聞社の論説委員らに働き掛け、鯨食文化論を社説に定着させ、捕鯨に好意的な流れをつくっていく。それが成功事例としてつづられていた。

佐久間は「このＰＲ活動で実態とは違う食文化論がつくられた。それがいまだに捕鯨論議に影響を与えている」とみる。

「商業捕鯨を再開したら、日本人が大量に鯨肉を食べるだろう」――。鯨食文化論は、海外の人々や環境保護団体の中に、そんな誤解を生んだ。来日する活動家と話をする中で、佐久間は痛感したという。捕鯨推進派からは「日本人に鯨を食べるなというのは米国人にハンバーガーを食べるな、英国人にフィッシュアンドチップスを食べるなというようなものだ」という主張が繰り返された。

佐久間は毎回、ＩＷＣ総会に参加して傍聴している。二〇〇三年の総会では、日本政府の代表団幹部が「日本人は鯨の刺し身を食べながら、ササニシキで造った日本酒を飲むのが好きなんですよ」と公言した。そんな日本人が、どこに何人いるのか。でたらめな言い分に佐久間は怒りを覚えた。

在庫量

〇四年、グリーンピースを退職。その後もフリーのジャーナリストとして捕鯨問題にこだわり続けた。そうして行き着いたのが、市場に出回る鯨肉の調査だった。

調査捕鯨で日本が捕獲する鯨の数が増えて、鯨肉の在庫量が積み上がり、今後さらに増えそうだ。そんな状況を示すグラフを水産庁の関係者がチラッと見せてくれた。それを現場で確かめようと考えたのだ。

市場調査の一方、税関の統計や各地の主要な倉庫にある鯨肉の量を調べ、〇五年八月、鯨肉の在庫量が一〇年前のほぼ二倍になっていることを突き止め、報告書をまとめた。内外のメディアに大きく取り上げられ、英国やオーストラリアといった在日大使館からの問い合わせが相次いだ。英語は苦手なのに外国人記者クラブでの会見までやることになった。

「調査の中で鯨肉を買うこともあるんで、鯨料理もうまくなりました」

今年三月三一日、オランダ・ハーグの国際司法裁判所は、日本による南極海の調査捕鯨の中止を命じる判決を出した。

そして、判決後に国内では再び「日本の食文化が脅かされる」という声が政治家を中心に高まった。大手メディアのコラムやテレビのコメンテーターの中にも、これに同調する意見が多かった。

「価格が下がっても鯨肉の売れ行きは伸びず、消費量は平均だと一人三〇グラムにもならない。千葉や和歌山など一部に鯨食文化があるのは認めるけど、これを日本としての食文化とは呼ばない。そろそろ実態は知られてきたはずなのに」

倉庫に積まれる鯨肉に、縮小均衡に向かう日本の捕鯨と鯨食の将来が見える。それを見届けるまで、統計データをパソコンに打ち込み、市場で鯨肉を探す日々が続く。

●記者ノート●

世論形成

「鯨食文化論の根源にある」と佐久間が指摘するPR会社の論文は「大手新聞社の論調を『日本にとって捕鯨は必要』という方向にリードする必要があった」と指摘。捕鯨存続のための世論をいかに形成したかを誇らしげにつづる。

原発や遺伝子組み換え作物など、メディアの論調に影響を与えようとする業界やPR会社の活動は捕鯨にとどまらない。私もさまざまなアプローチを受けた経験がある。

耳に響きのよい言葉に惑わされることなく、現場に足を運んで人々の話を聞き、自分でデータをチェックする。佐久間の地道な活動から、その重要さをあらためて心に刻んだ。

二〇一四年八月一六日配信

◆岐路から未来へ◆

自然エネルギー

市民の金で風車を建てる――実った素人の挑戦

文・井田徹治
写真・堀　誠

雲間からわずかに差す日の光を映し、日本海の水面が輝く。一〇月の午後、ＮＰＯ法人「北海道グリーンファンド」の理事長、鈴木亨《すずきとおる》（五七）は、北海道石狩市厚田の海を見下ろす小高い丘の上に立っていた。眼下の土地では二台の巨大クレーン車を使った工事が進む。

重さ約四〇トン、直径四メートルの鉄製の管をクレーン車がゆっくりとつり上げ、地上から突き出た同じ太さの鉄管の方に運んでゆく。

「最終的には管を四本つなげるので鉄柱の高さは八〇メートルになる。その上に人が乗って、風を受ける羽根を取り付けるんです」と鈴木。

すぐ近くで建設が進むもう一つの風車とともに厚田の風力発電装置は「市民風車」と呼ばれる。市民出資を中心にして建設費を賄ったからだ。出資者には毎年、発電収入からの配当金が支払われる。

鈴木は市民風車の生みの親だ。二〇〇一年、北海道浜頓別町に日本で初めて市民出資の風車を建設

市民出資を中心にして建設費を賄った「市民風車」の前に立つ鈴木亨。

した。厚田の風車は鈴木にとって一七、一八基目となる。

対案を示す

東京都内の生協で働いていた鈴木が原発やエネルギー問題に目を開かされたのは、一九八六年四月、旧ソ連で起きたチェルノブイリ原発事故がきっかけだった。

事故の翌年、生協で扱っていた無農薬のお茶から放射性物質が検出される。「国の基準より低いレベルの汚染をどう考えるか」「販売を中止するか否か」――。生産者が焼却処分したお茶の灰を入れた瓶を机上に置き、仲間と深夜まで議論した。「何千キロも離れた原発事故が日本人の暮らしにも影響を与える」。脱原発と自然エネルギーへのこだわりが始まった。

九九年、生協を退職、故郷の北海道でエネルギー問題に取り組むグリーンファンドを設立。仲間との議論の中で、市民出資による風車建設を思い付く。「原発に反対するなら対案を示せ」という電力会社や推進派の声に「それならやってやろうじゃないかと思った」。鈴木たちの周りに賛同者が増えていった。

「自分たちの電気は自分たちの手で、という単純な発想だった。資金調達や集めたお金の管理、風車のことなど仲間の誰もがまったくの素人だった」

それでも風力発電に熱心だった東京の商社の専門家、弁護士や税理士らが手弁当で集まり、事業の仕組み作りや発電所の適地探しを進めた。

自分たちのポケットマネーを出し合って始まった資金集めも、運動がメディアで紹介されて徐々に広がり、約半年で目標の六千万円を超える一億四千万円に達した。「お金が集まらなければやめようと思ったんだけど、やめられなくなった。きれいな電気のために何かをしたいという気持ちを、多くの人が持っていたんです」

〇一年九月、「はまかぜちゃん」と名付けられた風車がオホーツク海の風を受けて回り始める。名付け親は地元の小学生で、柱には出資者や寄付者約一六〇〇人の名前が刻まれた。

以降、北海道のほか、青森、秋田、茨城、千葉、石川の各県に、鈴木が手掛けた市民風車が立ち、着実に根を下ろしていった。厚田の風車の出力は一本で二千キロワットと「はまかぜちゃん」の二倍を超える。

すべての風車が順調に発電を続け、落雷事故で一度、発電ができなくなって遅れた以外は、出資者への利益還元も順調だ。政府のエネルギー政策は一貫して原発と大型の火力発電を重視し、自然エネルギーには冬の時代が続いたが、市民風車は生き延びた。

人々の熱意

そしてあの瞬間がやってきた。一一年三月一一日午後、大震災に続く東京電力福島第一原発事故。最悪の事故を目の当たりにし、エネルギーに関わる多くの人が「これで日本の政策が大きく変わる」と信じた。鈴木もその一人だった。

だが震災後、自然エネルギーが広がり始めたと思った途端、電力会社が相次いで電力の買い取りを拒否する。「太陽光発電の急増に送電網の容量が追いつかない」ことなどが理由だった。電力会社が送電網を握り続ける限り、事態は変わらないのだ。

北海道の風力発電事業者は、電力会社が行う抽選に当たらないと電気を買ってもらえない。その確率はほぼ一〇分の一。

「日本各地に豊かな自然エネルギーの資源があり、それを支えようという人々の熱意もある。なぜ国の政策も電力会社の姿勢も変わらないのか」――。鈴木はいら立ちを隠さない。

「でも、手作りエネルギー開発を目指す各地の動きは原発事故前には比べものにならないほど増えてきた。市民は大きく変わっている。本当の勝負はこれからだ」。そう言葉に力を込める鈴木の白髪が海からの風に揺れた。

●記者ノート●

普及を阻むもの

発電所の建設費用を簡単に電気料金に上乗せできる制度に守られ、原発や大型火力発電所などに多額の投資をしてきた日本の電力会社は、自然エネルギーの拡大には極めて消極的だ。電力会社の幹部が「風力発電の電気なんて、変動が激しい汚い電気だ。そんなもの一ワットだって要らない」と公言したこともあった。

そんな電力会社と交渉し、了解を得ないと自然エネルギーの事業は始められない。電力会社が送電網を独占しているからだ。

次世代のために重要な自然エネルギー開発を何が阻んでいるのか。それを伝えることはメディアにとって重要な仕事の一つだ。

二〇一四年一〇月一八日配信

◆岐路から未来へ◆

エコタウン

将来を見据え挑戦――負の遺産を強みに

文　・諏訪雄三
写真・高野　仁

建物に入ると、使用済みペットボトルが正方形に固められ山積みになっている。「ゴミを集めて産業にする。それで有名になった市長は他にいないだろう」。前市長の末吉興一《すえよしこういち》（八〇）が笑う。

北九州市若松区に広がる二千ヘクタールの埋め立て地。その一角に食品の容器や包装、自動車、家電をリサイクルする工場を集めた「エコタウン」がある。第一号施設がここ、西日本ペットボトルリサイクル（ＮＰＲ）だ。北九州市だけでなく、新日本製鉄（現新日鉄住金）も出資している。

再資源化

鉄鋼会社がなぜリサイクル事業なのか。

バブル経済が崩壊、鉄鋼業界は「人余り」「土地余り」「設備の低稼働」という三つの過剰に苦しんだ。新日鉄八幡製鉄所も生き残りを模索していた。

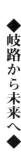

だが、この事業で中心的な役割を果たした元新日鉄の川崎順一《かわさきじゅんいち》（六六）は「本社では非国民扱いだった」と打ち明ける。ジュースのスチール缶なら分かるが、商売敵のペットボトルの再資源化には強い抵抗があった。

一九六〇年代の深刻な公害は市民、企業、行政が協力して克服した。九〇年代に入り、排ガスによる大気汚染や地球温暖化、家庭ごみの増加といった都市生活型の公害が課題に浮上した。住民が被害者でも加害者でもある新たな環境問題だ。

ところが、メーカーは大量生産し、大量消費を促してきただけ。廃棄後、どうするのかは考えていなかった。「製品づくりを企業の側からも問い直す。企業もこの問題に取り組むべきだと直感的に思い、社内でも訴えた」

静脈産業

北九州市は末吉が市長だった九七年、全国初のエコタウンに選ばれた。「もともとリサイクルコンビナートの発想があった。支援を得るため国に持ち込んだら通産省（現経済産業省）も乗ってきた。そこで全国展開することになった」と末吉。

ごみを徹底的に再資源化し排出をゼロにするというアイデアが国を動かした。地方発の経済活性化策だ。その発想はどこから来たのか。

北九州市は工場廃棄物などで埋め立てた土地の活用に悩んでいた。土地所有者の新日鉄や市が研究会を立ち上げ、九二年に基本構想を策定した。その中に「静脈産業の育成」という戦略が登場する。

ペットボトルのリサイクル工場で。（左から）川崎順一、末吉興一、鹿子木公春。

栄養を運ぶ動脈に対し、老廃物を運ぶ静脈のような産業という意味だ。

国連環境開発会議（地球サミット）があり、環境への関心が高まっていた。研究会の委員長は当時、九州大教授だった矢《や》田《だ》俊文《としふみ》（七三）。「環境に関する教育・基礎研究、技術・実証研究、事業化の三つを展開するイメージが固まった。公害克服で技術集積がある環境産業を市の看板にしようと、市長が将来を見据えて挑戦した」と振り返る。

公害、遊休地という二つの負の遺産を融合させ、強みに変えようという構想だ。家庭ごみを減らす国の政策も追い風となった。食品メーカーに容器包装の引き取りを求めるリサイクル法成立は九五年。これに合わせ新日鉄も動いた。

「青天のへきれきだった。会社を設立し、一年後に工場を稼働させろと言われた」。当時新日鉄にいたＮＰＲ社長鹿子木《かなこぎ》公春《きみはる》（六四）が苦笑する。

九八年、操業を開始。北九州市が集めるペットボトルの量だけでは採算は取れない。どれだけの市町村が分別収集してくれるかが鍵だった。「市の人と一緒に九州の自治体の半分近くを回りお願いをした。『あの八幡製鉄がやるなら』と応じてくれた」。市との二人三脚で循環型社会へスタートを切った。

鉄鋼マンの経験はリサイクルに生きる。「ペットボトルを次の製品の原料として市場に出す。再資源化はものづくりと同じという考えで質を高めた。単なる廃棄物の処理ではない」

環境首都

エコタウンは公害の街から環境先進地を目指す北九州のシンボルだ。現市長の北橋健治《きたはしけんじ》（六一）は「環境がビジネスとして成立するという実績と自信ができた」と胸を張る。「環境首都」「環境未来都市」を理想に描き「エネルギーや水といった環境ビジネスの世界展開に経験を生かしている」。

だが基本構想をまとめた矢田には物足りない。「廃棄物全体からみて再資源化の量はまだまだ少ない。エコタウンはショーウインドーにすぎない」

社長の鹿子木は将来を不安視する。使用済みペットボトルも中国との争奪戦に入った。自治体や民間が集めた量の半分は、国内より引き取る値段が高いという理由で中国に流出する。「輸出が増えればリサイクル施設は採算が取れなくなる。安定的な有効利用のためにも国内循環を徹底すべきだ」。実現には法律による輸出規制も必要になる。

環境問題は生きもののように日々、形を変え、様相を変える。未来のためにも今の対策を怠ることは許されない。

●記者ノート●

環境と経済の両立

地球サミットが開かれた一九九二年には、環境問題への関心が国際的に高まった。これを契機に地球温暖化対策や生物多様性の保全、廃棄物のリサイクルなどに乗り出したが、解決にはほど遠い。人は将来世代を考え、地球を大切にすることは苦手だ。今の経済的な発展にいつも拘泥する。

環境か経済か、この二者択一に対する一つの答えが北九州市のエコタウンだ。地域の人材、環境技術を生かし「リサイクルできないものはない」と評価され、民間の直接投資は一〇〇億円、雇用は千人に上る。危機にある「宇宙船地球号」の生き残りのためには、このような取り組みを積み重ねるしかない。

二〇一四年一二月二七日配信

第３章　根を持つ　地域と自立

◆岐路から未来へ◆

国鉄解体から地域へ

現場に根差して生きる——情けの重さ、震災が示す

文　・佐々木央
写真・萩原達也

「やはり人の情けと渡世の義理だね」。ＪＲの少数労組、鉄道産業労働組合（鉄産労、本部仙台市）の書記長を長く務めた亀谷保夫《かめややすお》（六七）は、およそ労組幹部とは思えない言辞を吐く。「人の情けと渡世の義理」は三〇年前の組合結成時、スローガンにも掲げた。東日本大震災で被災し「その意味をもっと深く感じた」と話す。

天皇のたばこ

亀谷は一九六五年、一八歳で国鉄に入り、動労に加盟、間もなく青年部の役員になる。登用の理由は後で知った。

昭和天皇の列車整備に関わった職場の全員に菊のご紋が入ったたばこが配られた。休憩時間、亀谷がそれを吸っていたら、上司が「何様のつもりだ」と激怒した。当時、南満州鉄道（満鉄）の元社員

が雇用されていたが、人事で差別されていた。国策で傷ついた彼らが、天皇に関わることで叱責《しっせき》される亀谷の姿を見て役員に推したのだ。

亀谷が組合活動にのめり込んでいくころ、国鉄は借金漬けの経営や職場規律の緩みが問題化、労使関係も複雑化していく。

七〇年代後半から亀谷は労組に限界を感じ始めていた。「人々の命と暮らしを守る労働運動が、いつの間にか労働者の権利と賃金だけになっていた」

そのころ亀谷は組合で駅員の声かけを提案する。共働きが増え、列車通学の子は駅で「お帰り」と言われないと、誰も言ってくれる人がいない。「駅員はお帰り、行ってらっしゃいと声をかけよう」。だが「そんな必要はない」と一蹴された。

管理者との対立が主軸になって、助役や年上の人にも「うるせえ」と言い、その口調のまま窓口の客に向かう。「お客さんに対する態度じゃない。あれで支持を失った」

民営化に反対

転機は八二年。開業間近の東北新幹線の職場で組合員二人が解雇や停職の処分を受けた。理由は暴言。亀谷によれば、管理職の職場指揮に抗議しただけ、組合活動家の狙い撃ちだった。

亀谷は撤回を求める闘争を始める。だが、それは新幹線開業に向け、経営側との協調を図っていた本部方針に反した。結果は組合除名。

「雇用を守らないなら組合ではない」。怒った仲間や組合ＯＢからせっつかれ、鉄産労は四七人で出発した。もっと人を集めることもできたが「組合員五〇人、家族も含め二〇〇人が、まとめていく限界」と見切っていた。

八〇年ごろから加速した分割民営化の動きには一貫して反対した。「公共事業は人々の生活を守るためにある。営利や効率を優先してはならない」。鉄産労の組合員は民営化後のＪＲに採用されないという臆測が広がる。

亀谷は自分が採用され、組合員の誰かが不採用となる事態を恐れ、新会社への希望調査で、採用を希望しなかった。すぐ旧知の本社幹部から電話が入る。「本当にこれでいいのか」。亀谷は「不採用組合員が出れば闘争団をつくる」と答える。それが功を奏したのか、鉄産労組合員は亀谷を除き、全員が採用される。

亀谷は国鉄清算事業団から水道設備会社へ。その後、組合ＯＢを職員として清掃などを請け負う会社「共生企画」を立ち上げた。組合と会社の二足のわらじで働く日々。そこに震災が襲った。

カキ作り支援

「本当に運が良かった。家が流された組合員はいたが、一人も命を落とさなかった」。被災労働者から支援労働者になろう。そう呼びかけ、仲間と被災地へ通った。

力を入れたのは宮城県東松島市のカキ養殖業、長石《ながいし》商店の再生だった。まず近所の側溝の泥をかき出し、生活排水が流れるようにした。カキ作りは手間がかかる。ホタテの殻を海に沈めカキの稚貝を付けるが、その殻はとがったハンマーで穴を開け、ひもを通し七〇枚で一連にする。「こんなに大変

カキ作りについて長石商店の高橋洋（右）と話す亀谷保夫。

とは思わなかった」

作業と並行して、資金調達の応援も進めた。組合のネットワークを生かして全国に呼びかけ、サポーターを集めた。

だが二〇一一年は海水温が高く、稚貝の多くが死んだ。一二年に稚貝が育ち、一三年暮れ、ようやく出荷にこぎ着けた。

鉄産労は高齢者施設や造船所の復興支援も続ける。組合活動の重い教訓があるからだ。「あのころ労組は、地域に根差していなかった。地域に、現場に戻ってつながりをつくっていかなければ」

震災はその思いをさらに強くさせた。「あっちでもこっちでも支援の人が泥だらけになっていた。ごみ出しでも支援物資の配分でも、被災者自身がルールを作ってやっていた。高齢者のごみ出しは俺らがやるとか、少しのおにぎりでも感謝して子ども優先にするとか。人の情けってすごいと思ったし、自治もちゃんとできていた」
応援への感謝の気持ちと、ようやくここまで来たということをみんなに伝えたい。それが風化を防ぐことにもなる。亀谷は今、そう考えている。

●記者ノート●

孤立防ぐ社会性

亀谷の運動スタイルは異色だ。例えば、子どもの不登校に悩む組合員がいれば、教員まで巻き込んで話し合い、解決の道を探る。「教育でも介護でも、組合員の生活の中で生まれた問題は全て組合の課題だ」と言う。

鉄産労は少数派だから各職場に一人、二人しかいない。それでも孤立しないのは、こうして培った社会的なネットワークがあるからだ。医師、弁護士や僧侶、葬儀社とまで、組合員全員が友達づきあいしている。他の組合のメンバーも、何かあったら職場の鉄産労組合員に相談すれば、関係の専門家を紹介してくれると知っていて、頼りにされている。社会性こそが孤立を防ぐ道だったのだ。

二〇一四年三月一五日配信

◆岐路から未来へ◆

丹下健三から郷土へ

自然と文明の調和目指す——地域性掘り下げる建築

文・竹生　瞳
写真・堀　誠

瀬戸内海を望む小さな丘に、その建物は山城のように静かにたたずんでいた。基礎工事で出た安山岩を積んだ外壁。松や下草をそのまま残した中庭。自然と調和した「瀬戸内海歴史民俗資料館」は、地域の風土を大切にした建築家、山本忠司《やまもとただし》（一九二三～九八）がたどり着いた一つの答えだった。

模倣

山本の原点は五八年に完成した香川県庁（現県庁東館）にさかのぼる。当時、県建築課職員。設計は気鋭の建築家、丹下健三《たんげけんぞう》（一九一三～二〇〇五）だ。

丹下が持ち込んだ設計原案に、山本は衝撃を受ける。「コンクリートでつくった鳥かごのような」形が、木造の社寺を連想させた。「日本建築というよりも、日本人として血液の中に流れている伝統だ」と感じた。

ガラス窓から光がふんだんに注ぐ香川県庁東館のロビー。ベンチには自然に人が集まる。

金子正則《かねこまさのり》知事（一九〇七〜九六）は、民主主義の理念をこの庁舎で体現しようとした。正面玄関のピロティを市民に開放し、屋上には喫茶スペースを併設する。外観はコンクリート打ち放し……官庁の庁舎の多くが権威を誇示する中で、何もかも斬新だった。金子は丹下との協働で「人間的に鍛えられ、深められた」と語った。

その金子の下、山本は県建築課を率いていく。県建築課は六〇年代、県庁を手本として、打ち放しコンクリートのはりや柱、手すりの付いたベランダの建築を次々につくった。それは丹下の模倣にすぎなかった。どうすれば丹下的な世界から踏み出せるのか――。模索が続いた。

瀬戸内海歴史民俗資料館で、山本は設計案を二度変更した。初めはローマ風の列柱が並ぶ古典的な博物館を提案したが、当時の教育長に「この場所でなくてもいいモダンな建築」と突き返された。次は大小の石壁のかたまりを打ち放しコンクリートが貫く構成。だが、山本自身が納得していなかった。

悩んでいた七一年夏、親交のあった彫刻家のイサム・ノグチ（一九〇四～八八）とインドを訪れる。そこに突破口があった。

インドでは、地元の人がそこにある土を焼いてれんがを作り、手作業で積み上げていた。土俗性に魅せられた。帰途、立ち寄った香港で、一夜にして新たなスケッチを描き上げる。それは風土に根ざし、地域の固有性を生かしたものだった。

七三年に完成した資料館は日本建築学会賞を受賞した。国内で最も権威のある賞が自治体の建築課に贈られるのは異例。山本は後に「資料館に至って、やっと丹下さんと縁が切れた」と語っている。

香川県庁以降、丹下は日本的な表現から遠ざかり、晩年は超高層の東京都庁設計に至る。対照的に山本は、地域性を深く掘り下げていった。建築課で指導を受けた鈴木清一《すずきせいいち》（六五）はその思想を肌で受け止めた一人だ。

「地域のことを一番よく知っているのは地域の人間だ。丹下さんは優れた建築家だけれど、地元の者が作ればもっといいものができるはず。彼はそう考えていた」

憲章

「瀬戸内海の環境を守り　瀬戸内海を構成する地域での環境と人間とのかかわりを理解し　媒介としての建築を大切にする」。七九年、山本が建築家の浦辺鎮太郎《うらべしずたろう》、松村正恒《まつむらまさつね》とともに発表した「瀬戸内海建築憲章」だ。

高度成長の時代、海岸線がコンクリートで固められ、埋め立て地に工場や石油基地が乱立した。憲章の背景にはその危機感がある。自然と文明を調和させ、地域文化を築く理想をうたい上げた。

それより前の七四年、建築課長時代に山本はこう書いている。「資本に引きずられ、科学に追いかけられ、権力に屈服する群像がそこにあり、私自身の虚像もその中に見出だされる」。この現代文明への深い懐疑はどこから来るのか。

山本は三段跳びの選手だった。県庁入庁から四年後の五二年、ヘルシンキ五輪に出場している。このとき欧州各地を転戦、建築物も写真に収めた。残された写真は、近代建築より地域の風土に根ざしたものが多い。土着のもの、地域を大切にする姿勢は生来のものだったのかもしれない。

仕事には厳しかった。「まずい図面を描くと、ちょっとどけと席から押しのけられ、赤鉛筆で直された。ショックだった」と鈴木。人知れず現場を見てきては「あれはどうなっているんだ」と問いただす。打ち合わせがあれば休日でも自宅に鈴木を呼んだ。

海外視察から帰ると、建築のスライドを見せて解説した。部下が出張するときは、現地の建築を見て回れるよう、日程に余裕を与えた。

香川の建築のために若手を鍛えたい。地域で建築に関わる人間を育てるという強い意思。

山本はこう問い掛けている。「建築や芸術は、地域や民族の中から生まれてくるがゆえに、尊く価値がある。地域が生み出したものをローカリティーとして二番手に置くのは正しい評価だろうか」

●記者ノート●

潮の香り

海はどこだろう。二年前、初めてJR高松駅に降り立って、辺りを見回した。港は近く、潮の香りは漂ってくるのに、瀬戸内海が、島が見当たらない。駅と海の間の再開発地区に巨大なビルが立ちはだかっていた。なんてもったいない。

計画段階で山本も同じように感じたらしい。「市民が何を求めているのか考えていない画一的なまちづくりだ。市民のための広場になっていない」と周囲にこぼしていた。

地元にいると、その魅力に常に自覚的であることは難しい。香川を拠点にした山本が自覚的であり得たのは、丹下ら芸術家との交流や海外視察を通して、外の空気に触れ続けたからかもしれない。

二〇一四年二月一日配信

◆岐路から未来へ◆

国策と酪農

土地を開き、命と向き合う——口蹄疫を乗り越えて

文・岩原奈穂
写真・堀　誠

鮮やかな緑の牧草が太陽を浴びてそよぎ、こいのぼりが風にたなびく。二〇一〇年五月、宮崎県のほぼ中央に位置する川南町。一見、のどかな風景だったが、酪農家染川良昭《そめかわよしあき》（六〇）は不安と闘っていた。家畜伝染病、口蹄疫《こうてい》が広がっていたからだ。

風に乗ってウイルスが飛んでいるんじゃないか。口蹄疫は牛や豚に感染するウイルス性の病気。一頭でも感染すれば全ての牛が殺処分される。大切な八九頭の牛を犠牲にするわけにはいかない。牛舎にも、家の周囲にも、道路にも、消毒液や消毒用石灰を散布し続けた。

二度の開拓

染川は父、宗雄《むねお》（八四）から酪農を引き継いだ。酪農は、父が国策に翻弄《ほんろう》されながら、ようやくたどり着いた生きる手だてだった。

牛の放牧地の前に勢揃いした染川一家。前列中央が染川宗雄、後列左から２人目が忠文、１人おいて良昭。

父がもともと住んでいた宮崎県南郷村（現美郷町）は山がちで耕作地が不十分。役場は満州への移民を募集し、約八五世帯約三六〇人が満蒙開拓団として入植した。一九四四年に祖父と入植した父もその一人。少年だった父は「将来は広大な土地を馬で見て回る」と夢を見たという。

初めて収穫するコメが稲穂をつけた四五年八月一二日、突然の疎開命令。ソ連軍の侵攻だった。風呂敷包み一つで飛び出した。大人たちが「軍人も浮足立っている」とささやいていた。避難列車の背後から線路を爆破する音が聞こえた。釜山で日の丸を見たとき、涙が出た。

だが、宮崎に戻っても生活の基盤はなかった。解放された軍用地への入植者を募っていた川南町で開拓を始める。大量の引き揚げ者の帰農や食糧増産に向けた国の緊急事業の一環だった。

「日本にこんな広い場所があったのかとひったまがった（大変驚いた）」と父。だが、土地は酸性でカヤさえ生えていない。硬く締まって、くわもなかなか入らなかった。「少しでも他の家が進んでいると悔しかった」。競争心が支えだった。

主食はイモご飯。「探さないと米粒がなかった」。食べるに事欠く生活が続くが「食っていく土地があっただけ良かった」。

人間の都合

牛を飼い始めたのは、やせた土地にまく堆肥を確保し、耕作に使うためだった。地域ごとに集乳場所を整備し、効率化を図った。牧草のサイロ詰めや早朝の集乳でも近所が協力した。

染川が父から家業を委ねられたのは二五歳のとき。エサの配合を変えたり、運動場を整備したり——。工夫を重ね、手応えを感じた。人見知りな子牛も手をかけるうちになじみ、背中をクンクンと鼻で突いて甘える。「家計を支えてくれる母牛は、自分の肉親のようにありがたかった」

口蹄疫はそんな牛たちを奪った。染川の八九頭は感染しなかったが、国は二〇一〇年五月、発生地から半径一〇キロ圏の家畜にワクチンを接種、感染を遅らせながら域内の全ての牛を殺処分にすると決めた。感染拡大に歯止めがかからなかったからだ。

染川は処分を受け入れた。今、かみしめるように話す。「あれしか再起の道はなかった。地域の中でうち一軒だけ生き残ってもどうにもならん」

一帯は初期から感染が相次いだ。家の前の養豚農家も感染し、染川に電話をかけてきた。「ごめん」と力なく謝る声に「そっちか、うちか、どっちが先になるかの話。謝るな」と返した。

殺処分の日の朝。「よう頑張ってくれた」と言ってエサをやるのが精いっぱいだった。今も「健康な牛を人間の都合でこんなことをしてしまっていいのか」という思いは消せない。

あれから四年がたつ。周囲が一軒、また一軒とやめていくなか「自分には酪農が向いている」と黙々と牛舎に通ってきた。

発生当時は感染拡大を防ぐため、牧草の刈り取りはできなかった。輸入肥料の割合が増え、経営を圧迫した。

殺処分した牛を埋めた後、地表には掘り出した石が多く残った。その石を見ると、父たちが荒れ地を耕し、石を拾い、堆肥を加え、土地を改良してきた歴史が胸に迫る。

年明け、重機で畑に残った石を取り除いた。再び牧草地にするためだ。「良い畑に戻し、次の代に残す」

にじむ自負

土地を守る――。染川はその思いを前に進めるため、離農者の土地で野菜を作る仲間と連携、畑を借りて四年ほど牧草やとうもろこしを作り、畑を返している。地力の回復につながり、飼料の栽培面積を増やすことにもなるからだ。

この取り組みは少しずつ近隣農家に広がる。「現場にいる自分たちがやらなければならないこと。地元の人間が手を組むからできることがある」。そう語り合っている。

二度の開拓と口蹄疫。「生活はかかっているし、牛もえさを欲しがって鳴くんだから、やるしかない」。土地を守り、命と向き合ってきた自負がにじんだ。

●記者ノート●

最後の農家

「これからの世代だから任せると言われたのは重かった」。染川良昭の次男忠文《ただふみ》（三二）は、口蹄疫をきっかけに離農した農家から牛舎を譲り受けた。「いつか自分たちが地域の中で最後の農家になるかもしれない」。それでも酪農で生きていく。揺るぎない強さを感じさせる言葉だった。

環太平洋連携協定（ＴＰＰ）の交渉結果次第で、彼らは再び苦境に立たされるだろう。価格競争のもとで効率を優先していくことは、この国の農業の真の強さにつながるのか。土地を守り、食べ物を育んで生きてきた農家の歴史を、私たちはもっと知る必要がある。無関心なまま、この岐路を通り過ぎてはならない。

二〇一四年三月一日配信

◆岐路から未来へ◆

諫早湾干拓事業

地域分断のシンボル――真の再生置き去り

文・諏訪雄三
写真・堀　誠

佐賀県の有明海には、無数のポールが立っている。黒色とオレンジ色。黒いポールの間には網が見える。最大で六メートル近くになる干満の差。干潮でノリ養殖の網が水面から出てきた。

風が強く沖に出られない日だった。ノリ養殖漁師三代目の川崎賢朗《かわさきけんろう》（五三）の顔が曇る。「赤潮が多く発生して海の栄養を奪い、ノリの色が黒くならない。不作だ。干拓事業の影響もあるのでは」

不安定

長崎県諫早市の国営諫早湾干拓事業と、隣接する佐賀県のノリ養殖漁師らの因縁は深い。

干拓事業は「広く平らな農地がほしい」「大雨時の排水を良くし、高潮も防ぎたい」という長崎県側の要望を受け、一九八六年一二月に国が事業計画を決定。九七年四月にはギロチンと呼ばれた「潮受け堤防」の閉め切り工事が行われた。

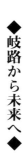

左　キャベツの苗の植え付け作業をする荒木一幸。右　ノリ養殖で使う船が係留されている桟橋に立つ川崎賢朗。

二〇〇〇年一〇月からの漁期は記録的な不作だった。海の流れが変わったためか、堤防の内側にある調整池の排水のためなのか、赤潮が大規模に発生したからだ。

「国が悪いことをするはずがないと思っていた」。川崎が苦笑する。国にだまされたと思い、工事に反対して海上デモや座り込みに主導的に関わるようになった。

ノリの収穫量はその後増加、佐賀県は日本一の産地に。養殖網の高さを細かく調整したり、酸を使って病気を防いだりと、漁師らの努力に負う部分が大きい。それでも調整池から出る淡水に神経をとがらせる。

「不安定な状況を脱したい。普段は排水門を開けて堤防の内側に干潟を復活してほしい。台風とか高潮とか被害が心配なときにだけ閉めるのはどうか。防災面はそれで十分なはずだ」

干拓事業は〇八年三月、総事業費二五〇〇億円

をかけ完了した。農地面積は六七〇ヘクタール、潮受け堤防にある南北二カ所の排水門から諫早湾、有明海につながっている。

力強さ

山頂が雪に覆われた雲仙普賢岳が見える。大区画の干拓農地を生かしスーパーやチェーン店に業務用のキャベツを販売するアラキファームは、〇八年四月から営農を始めた。約三六ヘクタールを経営し二〇人程度を雇用する。

諫早の仕事を任されている荒木《あらき》一幸《かずゆき》（三七）が、苗を植える手を止めまくし立てた。「調整池を海に戻すと、強い風で運ばれた塩が野菜を枯らす塩害になる。そんな不安定な農地となれば、業務用の契約はしてもらえない。死刑宣告と同じだ」

長崎県に支払う土地のリース料などは年間一千万円に近い。さらに一千万円で収穫に使う刈り取り機も購入し効率化する。多大な投資による大規模な耕作。それだけに少しの変化が、経営を大きく左右する。天気が心配で眠れない夜もある。

干潟だった土地は肥え、かんがい設備も整う。県は環境保全型農業として化学肥料や化学農薬の使用を通常の半分程度に減らし、産地としてのブランドを確立、モデル的な農業を展開する。

「野菜は安全性の問題もあって日本の小売店も消費者も国内志向だ。国際的にも十分にやっていける」。荒木の言葉は力強い。

プロ意識

一〇年一二月、当時の菅直人首相が五年間の開門調査を命じた福岡高裁判決の上告を断念した。国は開門を受け入れた。

漁師にとっての「英断」(川崎)だが、営農者は従うことはできない。開門差し止めの仮処分を求め長崎地裁で認められた。一三年一二月の期限に国は何もできなかった。

菅の判断は「いたずらに地域の対立をあおっただけ」と荒木はみる。

ノリ養殖での網の酸処理の方法や、設置する網の密度などは沿岸各県で違う。海への影響を考え、統一した取り組みが待たれる。さらに熊本新港や筑後川大堰《おおぜき》の建設なども不作の要因とする長崎県は「再生のためには沿岸四県と国の協力は必要だ」と訴える。

だが、原因調査のため開門を求める佐賀県側とは話し合いのテーブルにさえ着かない。国も打つ手はなく、真の再生は置き去りにされたままだ。

干拓地でミニトマトを育てる水頭貞次《みずがしらていじ》(六四)は、諫早湾でノリ養殖をしていたこともあった。「地球温暖化の影響なのか干拓前から水温が上がり養殖が難しくなってきた。環境は悪くなる一方で、このままでは有明海に未来はない」と、海を見限った。状況は深刻になるばかりだ。

「解決のため行政抜きで、生産者同士で話し合いができないか」。川崎は提案する。「その余地はない」と荒木は言い切った。二人に共通するのが、育てることに命を懸けるプロとしての強烈な自負だ。思いは 交わることはないのか。

一度始めたら止まらない公共事業の象徴といわれた諫早湾干拓事業。それは今、地域を分断するシンボルでもある。

●記者ノート●

できるだけ慎重に

干拓やダムの事業は、防災、農地や飲料水の確保などさまざまな目的で行われる。一方で、自然環境を大きく改変、破壊することも多い。いわば自然環境を悪化させる代わりに、安全や豊かさを手に入れるという人間にとっては〝必要悪〟の面がある。自然か人か、どちらを重視するかで、いつも賛否は分かれる。

公共事業の計画、実施に当たっては、環境影響評価（アセスメント）を事前に行い、十分に自然に配慮することになっている。しかし、見通せない、予想通りにならないことも多い。十分な合意がなく強行すれば、地域に深い傷を残す。それだけに事業実施はできるだけ慎重に行うべきだ。

二〇一四年三月二九日配信

◆岐路から未来へ◆

吉野川住民投票

地域の主役は自分たち——運動から学んだ哲学

文・諏訪雄三
写真・堀　誠

白い軽トラックが徳島市の住宅街の細い道を走る。野菜や魚の絵と「とくし丸」という文字が鮮やかだ。住友達也《すみともたつや》（五六）が始めた移動スーパーだ。軒先まで車を入れると、居間の掃き出し窓から身を乗り出した河野晴子《かわのはるこ》（六九）に声を掛けた。「今日は何にしますか」

河野は足が不自由で一人で買い物に行けない。住友らがトラックから商品を降ろし、台に広げ選んでもらう。究極の対面販売だ。「孫のおやつや仏壇の供え物だけは自分で買いたい」と河野。開業以来のお客さんだ。

根源的欲求

「親が病気になり車での買い出しがしんどいと言い出した。どこでも買い物に困る『難民』がいると気付いた」。地域を守るための打開策として、住友は移動スーパーの起業を計画した。

吉野川の堤防から見える第十堰の前に立つ住友達也（右）と村上稔。

篤志の意味も込めて名付けた会社「とくし丸」を二〇一二年に設立。各地の例を調べて試行した結果、四者が協力するシステムを編み出した。

まず社長の住友や営業本部長村上稔《むらかみみのる》（四七）が一軒一軒訪ねてお客を探す。次に個人事業主である移動スーパーの運転手が、地元スーパーから四〇〇品目以上の商品を借り、週二回販売する。

利益は三者で分け合う。だがそれだけでは経営は大変だ。四番目の協力者として消費者が、店頭価格より一商品当たり一〇円上乗せで支払ってもらう形にした。

運転手の初期投資は軽トラック代約三〇〇万円。一日約五〇軒を回るコースを三つ持つ。残った商品はスーパーに持ち帰るので在庫リスクはない。やる気次第では数百万円の年収にもなるという。

村上は市議の経験もある。「最初は近所から不思議そうな目で見られた。実は楽しく地域に役立つんだと説明して回った」

販売員は顧客と、実の子や孫より親密になる。「こんな商品を」という声だけでなく「電球を取り換えて」「郵便出しといて」「商品の使い方を教えて」という要望にも応える。おばあちゃんのコンシェルジュだ。

「亡くなった方を見つけたこともある。体調が悪そうならケアセンターなどにすぐ連絡する。見守り役も担う」と村上。買い物難民、孤独死……。少子高齢社会で直面する問題の解決にも役立つ。

行政の支援に頼らないこの方式は徳島だけでなく東京や京都、広島、高知などでも始まった。支持の理由を住友は「弁当の宅配はすぐに飽きる。ネットスーパーは年齢的に使えない。これに対し『食べ物は目の前で触れ選びたい』という根源的な欲求を満たすのが大きい」と分析する。

平気でうそ

住友らがこの仕事を考えた理由は〇〇年一月、吉野川可動堰《ぜき》建設の賛否を問う徳島市の住民投票にまでさかのぼる。反対の投票結果を経て、固定堰の第十堰を改築する国の巨大プロジェクトを白紙に戻した。

それで何を学んだのか。村上がちゃかす。「住民投票条例の制定を市長に直接請求するため、戸別訪問し署名を集めた。歩く大切さを知った。スーパーにはできない発想でしょう」

だが、すぐに住友が真顔に。「地域の問題はお上、行政任せでは駄目だ。権力、権威は平気でうそをつく。自分たちで解決しなければならないと分かった」。住民が主役という哲学を悟った。

投票を成功に導いたのが「第十堰住民投票の会」の代表世話人、姫野雅義《ひめのまさよし》。当時はタウン誌社長だった住友、事務局にいてその後、条例を通すため市議になった村上らはいわば姫野の門下生だ。

分断の呪文

姫野は四年前、アユ釣りに出掛け死亡した。六三歳だった。

吉野川の堤防からは、コンクリートで覆われた第十堰が見える。「情熱を持ち、市民参加で守った。おかげで堰が親しめる風景になった」。村上が懐かしそうに話す。

住友の口からは住民運動の難しさも。「『洪水が起きて人が死んだらどうするのか。ただで済むと思うなよ』と書かれた脅しが私にも姫野にも来た。姫野は自らの蓄えを切り崩しながら運動に打ち込んだ。献身がなければ成就しない」

これに対し当時、建設省（現国土交通省）の河川局長だった竹村公太郎（六八）は「固定堰は危険だ」と語り、対立したままだ。「国民の生命財産を守るため」と計画の推進を訴えるフレーズは、住民を分断し、反対しにくくする呪文でもある。

住民投票でそれに打ち勝った姫野が最後までこだわったのが「計画にとどめを刺す」ことだ。「東日本大震災からの復興と国土強靱《きょうじん》化で公共事業予算の余裕はない。やっと終わった」と住友。

竹村は「人口が増え都市が膨張した時代は、水の流れを川に押し込めるしかなかった。今なら川幅を広げるといった別の手法も検討できる」と提案する。本格的な人口減少の時代は、治水も含め社会の在り方を抜本的に見直す好機でもある。

●記者ノート●

特効薬はない

吉野川の可動堰《ぜき》建設をめぐる住民投票では、住民側が計画を自ら検証することで問題点を浮き彫りにし、反対票を集めた。投票で事業を止めた数少ない例だ。一方で、問題を指摘する声もある。徳島市は吉野川流域の一部を占めるだけ。同じように洪水の危険がある他の地域の意向も聞くべきだといった意見だ。

産業廃棄物処分場の建設や庁舎の移転、原発の誘致や再稼働など、さまざまなケースで国や自治体と住民は対立する。住民側は最後の手段として「選挙で丸投げしたわけではない」と住民投票を求めることも多い。対立を解く特効薬はない。行政は民意を十分に反映させる努力を続けるべきだ。

二〇一四年六月二八日配信

◆岐路から未来へ◆

瀬戸内しまなみ海道

長大橋に新たな価値——サイクリストの聖地に

文・諏訪雄三
写真・堀　誠

自転車で走ると空を飛んでいるように爽快だ。長大橋の向こうに島々が連なり、下を見ると輝く静かな海に小さな島や船が美しく浮かぶ。

「本州と四国の間にどうして三ルートもいるのか」。無駄な公共事業のイメージがあった本州四国連絡橋のうち瀬戸内しまなみ海道がいま「サイクリストの聖地」と呼ばれ、新しい価値を身にまとう。その中心に山本優子《やまもとゆうこ》（四〇）がいる。

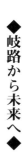

不平不満

「来島海峡大橋ができ、全通したのが一九九九年。ところが島の住民にとっては高速道路の便利さより『船便が減った』『料金が高すぎる』と不平不満の対象だった」

愛媛県今治市が橋で結ばれた大島や伯方島、大三島を含む一一町村と合併したのは二〇〇五年。「今

「シクロツーリズムしまなみ」の仲間たちと来島海峡大橋の前に立つ山本優子。

治ＮＰＯサポートセンター」にいた山本は、合併に備え、まちおこしを話し合う座談会を重ねたが、住民からはマイナスの話ばかり出てきた。

深刻な人口減少に山本自身も将来を心配し「観光客ら交流人口（地域を訪れる人）を増やしたい」という思いを募らせていた。地域には漁業、農業、造船に加え観光もあるが、多くは有名な大三島の大山祇《おおやまづみ》神社に寄った後、橋を渡る車窓から風景を眺めるだけの「通過型」だった。

「大型観光バスで人を呼びたいのではない。地域の人と触れ合い『来年も来たい、もう一つの故郷だ』と思ってくれるファンをつくれないか」。山本は模索した。

広島県尾道市と今治市を結ぶしまなみ海道は、デザインが異なる橋が六つの島をつなぐ。住民の生活道路でもあるため、三ルートで唯一、徒歩でも自転車でも渡れる。

「国家プロジェクトのこの特徴を生かさない手は

ない」。山本は島民と協力してモデルコースをつくり、サイクリング観光の環境づくりに乗り出した。

地元刺激

本格的に応援しようと〇九年にはＮＰＯ法人「シクロツーリズムしまなみ」を設立し代表理事に。シクロは自転車のことだ。

二人乗り自転車で妻と世界八八カ国を回った愛媛県西予市の宇都宮一成《うつのみやかずなり》（四六）らも巻き込んだ。マップづくりやネットでの発信、ガイドツアーに加え、この夏には今治駅前に旅行者の宿「シクロの家」をオープンした。

宇都宮は「ゆっくりとした移動の途中に地元の人との出会いや発見があるのが楽しい。夜に仲間と旅行情報を交換できるのも喜びだ」と魅力を語る。

ルートの高低差など情報満載の「島走マップ」は人気だ。まちおこしにサイクリストの視点が加味され、活動に厚みが増している。

島からも提案があった。「旅人のため何かできないか」。大島で旅館を営む平山日出美《ひらやまひでみ》（六九）の言葉から、軒先を貸す休憩所「しまなみサイクルオアシス」が生まれた。白地に青い家を描いたタペストリーが共通の目印。給水やトイレの利用、空気入れが無料でできる。

伯方島の西部知香《にしべともか》（五七）が営む農家民宿では、塩づくりや地元野菜を使ったピザづくりが体験できる。地元名物のたこ飯、ひじきご飯など三種類のおにぎりを竹の皮で包んだ「三輪弁」も好評だ。

尾道市では塗装設備メーカー「アンデックス」がスポーツサイクル部門を立ち上げた。「市内の狭い道でも、しまなみ海道でも使えるタイヤ径が小さな自転車を目指した」と責任者の高橋要一《たかはしよういち》（五一）。尾道での貸し出しも盛んで、街の新しい魅力となった。

自転車と観光をつなぐ取り組みは、地元の産業、企業も刺激している。

地方創生

「世界的にも類がない独特な環境だ。橋を渡るごとに島の表情が変化し全七〇キロのコースは飽きることがない」。台湾の自転車メーカー「ジャイアント」会長でサイクリング協会トップも務める劉金標《りゅうきんひょう》（八〇）も称賛、欧米からも旅行者が訪れ、国際的に注目が集まる。

波及効果を狙って愛媛県は一二年に「愛媛マルゴト自転車道」を提唱し、県内にコースを設定した。今年七月には、しまなみ海道の自転車道の通行料金が期間限定で無料に。一〇月には全線通行止めにして八千人参加の国際サイクリング大会も開催され、追い風が続く。

だが山本は冷静だ。「今は少しバブルかもしれない。ブームの後でも、着実に人が訪れるようなつながりをつくりたい」

一二年度の自転車利用は約一七万五千台に上り、トラブルも目立ち始めている。パンクや故障を直せる場所は数えるほどしかない。困った人がオアシスに「何とかして」と持ち込むことも多い。「急増に戸惑いの声がある。受け入れる住民の心意気に寄り添いながら安全、安心の仕組みづくりをしたい」

行政は大きなイベントの開催や集客ばかりを目指す。だが地方創生の本当の鍵は、住民の日々の取り組みの中にある。

●記者ノート●

民間にはアイデアがある

瀬戸内しまなみ海道を含む本州四国連絡橋三ルートの総事業費は二兆八七〇〇億円。本州と四国間の確実な移動が可能となり、四国の工場立地や観光客の増加に貢献した。ただ、高い通行料金もあり利用は当初予想を大きく下回った。二〇〇三年には本州四国連絡橋公団の抱える借金のうち一兆三四〇〇億円を国民負担に切り替えたほどだ。

造ることを優先し過大な見通しを立てたことは否めない。関西国際空港、東京湾アクアラインにも共通する国の病巣だ。一方で造った物は利用しないと損だ。しまなみ海道は住民が主導して新しい価値を見つけた。民間にはアイデアがある。行政は肝に銘じてほしい。

二〇一四年九月二七日配信

◆岐路から未来へ◆

農民文学者

入植者の哀歓、書き続ける——ばら色の夢裏切られても

文・青柳絵梨子
写真・堀　誠

広々とした草原で白と黒のまだらの牛たちがのんびりと牧草を食べている。北海道別海《べつかい》町は生乳生産量日本一の町だ。草原の真ん中に「玉井裕志《たまいひろし》文学館」がドングリの木に囲まれてたたずむ。小説家の玉井裕志（七九）が、地域住民向けに自宅を改装した私設図書館だ。

玉井はここで酪農家として約三〇年を過ごした。館内には、この間に自分が読んだ本、約五千冊が並び、町の仲間と創刊した文芸誌、小説の自筆原稿や文学賞の表彰状も飾られている。

玉井はここに入植した仲間たちの哀歓を表現してきた。離農した今も自分を「農民文学者だ」と言う。「根釧原野の自然は厳しい。でも僕はここに残って、貧しい農民のことを書き続けたい」と語る。

悔し涙

別海町が酪農王国となるきっかけは一九五〇年代半ばから華々しく始まった国の「根釧パイロット

離農するまで使っていた牧草地を歩く玉井裕志。後方には「玉井裕志文学館」（右）と当時の牛舎が残る。

事業」だった。食糧増産と農業振興を目的に、国が世界銀行から融資を受け、根釧原野を大型機械で開墾し、近代的な酪農モデル地区をつくる。そんな企てだった。

入植希望者は選考試験を受けた。合格し入植すると、一戸あたり約一四ヘクタールの耕地と、加工原料乳に適したジャージー牛が与えられた。土地代や施設代など約二五〇〇万円は借金。それを二〇年以上かけて返済する。広大な原野の豊かな恵みで、ばら色の夢がかなうと信じ、全国から多くの若者が応募した。

玉井もその一人。二三歳のとき、弟子屈《てしかが》町からやって来た。「のどかで平和な牛飼い」に憧れていた。子どものころから文学が好きだったから晴耕雨読の生活がしたかった。

事業開始から程なく、計画にほころびが

出始める。ジャージー牛はオーストラリアからの輸入だったが、約一カ月の長旅でやせ細り、衰弱していた。「国は一〇頭いれば生活は安泰だと言ったが、でたらめだった。乳をしぼってもおわん一杯ほどしか出なかった」

入植者は動揺する。このままでは借金が返せない。ジャージー牛より乳量が多くて飲用に適し、寒冷地にも適応するホルスタインへの切り替えを国に強く求めた。しかし加工原料乳の産地にしようとする国は、表立ってはホルスタインの導入を認めなかった。

農家は国を当てにするのをあきらめる。自分たちで借金を重ねてホルスタインを増やし、小型のジャージー用に作った牛舎を大型のホルスタイン用に建て替えた。

重い借金にあえぐ農家に追い打ちをかけたのが、ジャージー牛が持ち込んだブルセラ病だった。「人にも感染する病気で、有効な治療法がない。牛に感染すると全頭殺処分された。離農者が続出しました」

悔し涙を流して国鉄標津《しべつ》線の春別《しゅんべつ》駅を去る仲間たちを、玉井は何度も見送る。玉井の牛舎は感染を免れた。

夜明け前、搾乳を始めるまでの約三時間、自分と仲間の苦しみをモチーフに小説を書いた。「苦しめば苦しむほど、小説の題材は増えた。書くことが理不尽な現実に対する唯一の抵抗だった」

到達点

七二年秋、玉井を最大の試練が襲う。妻は病気がちで長女には障害があったが、当時小学一年の次女、豊子（四九）は元気で、よく牛の世話を手伝ってくれていた。その豊子が交通事故に遭ったのだ。

豊子は中標津町《なかしべつ》の病院に入院、玉井は病院と長女の入所している施設を行き来しながら、四〇頭の牛の世話を続けた。

その年の暮れ、夏に生まれた雌の子牛四頭が死んだ。あまりの忙しさに、子牛の寝わらの取り換えが数日おきになり、水と乾草をやっておくだけの日が続いた。子牛は肺炎にかかった。それに気付かなかった。

「親牛になって乳を出してくれたら暮らしが良くなる」と期待をかけていた。「自分も離農せざるを得ないのか」。牛舎の裏の凍土を掘り、子牛たちを埋葬した。こらえきれず、涙がこぼれた。

借金生活が続く。だが毎年、子牛が生まれた。風雪に閉ざされた冬が終わると、青草が芽吹き、放牧を始める。そんなことの繰り返しに勇気づけられた。そして何より、けがから回復した豊子が「将来は跡を継ぎたい」と話し、よく働いてくれた。

八七年、玉井は自らの体験を描いた小説『萌《も》える大草原』を書き上げ、北海道新聞文学賞佳作を受賞した。

二年後、離農する。豊子が医師から、事故の後遺症を理由に酪農の仕事を止められたからだ。「晴耕雨読という甘い夢は裏切られてしまったけれど、本当は牛飼いの生活を守り抜きたかった」

入植して辛酸をなめたが、文学だけは捨てなかった。それが誇りだ。「ここが農民として小説を書き続けた僕の人生の到達点。ここからまた、新しい物語を生み出していくつもりです」

●記者ノート●

北国の美しい心の人

「北国の美しい心の人へ」。玉井の文学館には山田洋次監督が玉井に贈った色紙が飾ってある。山田は、酪農を夢見て入植する一家を描いた映画「家族」の撮影で玉井宅を訪れ、交流が続く。小説『萌える大草原』には序文を寄せ、政府権力者にとって、玉井のように「農業と自分の生き方を重ね合わせながら真剣に思索し、誠実に生きようと願っているような人は、むしろ邪魔者なのである」と嘆いた。

環太平洋連携協定（ＴＰＰ）の交渉次第で、日本の酪農家はまた、窮地に立たされる。夢破れ涙を流す牛飼いがどれほど生まれるだろう。効率や経済性ばかりを優先する国に明るい未来などない。

二〇一四年五月二四日配信

◆岐路から未来へ◆

琉球独立論

犠牲の歴史から自己決定へ――平和と希望の島求めて

文・石山永一郎
写真・牧野俊樹

青地に白の斜線が交差する旗が街中に翻る。スコットランド旗だ。英国北部の港湾都市グラスゴー。龍谷大教授の松島泰勝《まつしまやすかつ》（五一）は九月、スコットランド独立の是非を問う住民投票を「自分の目で見よう」と訪れた。

「賛成派も反対派も冷静に街頭で議論をしていた。成熟した独立論議に感銘を受け、とても勇気づけられた」

独立派はクライド英海軍基地の撤去も訴えていた。基地は核弾頭ミサイルを搭載する原子力潜水艦の母港。沖縄出身の松島は各地で歓迎される。独立派の活動家は沖縄をよく知っていた。「あんなに米軍基地があって大変だね、よく来てくれたと声を掛けられた」

ミサイル搬入の際には住民がゲートを封鎖し、海上ではカヌーを出して体を張り、阻止を図る。抵抗の形は辺野古（沖縄県名護市）の反対運動と驚くほど似ていた。

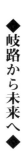

独立賛成派の「ＹＥＳ」のシールを自分の胸に貼った。英紙ガーディアンは「基地に苦しむ沖縄からも独立活動家が来た」と報じた。

不毛な夢想

名桜大講師の親川志奈子《おやかわしなこ》（三三）らと五人で「琉球民族独立総合研究学会」を創設したのは昨年五月。学術関係者、市民活動家ら会員は二五〇人以上に増えた。

琉球独立論は「居酒屋談議」と言われ続けてきた。酔っぱらいの夢想といった意味だ。しかし松島は「たとえ居酒屋談議からであっても現実を動かす力になればいい。学会は既に独立を前提に学術的に国家像を研究している」と話す。スコットランドでもパブで盛んに独立問題が語られてきたことをこの旅で知った。

なぜ今、独立なのか。

「米軍基地削減を求める琉球の声は無視され続けてきた。独立すれば琉球の意思で基地をなくせる。琉球が基地に依存しているというのは神話。基地こそが発展の障害なんです」

沖縄の米軍基地面積は県土の一〇％（本島の一八％）を占めるが、いまや基地関連収入は県民所得の五％にすぎない。那覇の新都心をはじめ、返還された基地跡地では、雇用、税収とも返還前と比べて飛躍的に伸びている。

「日本政府が独立を認めるはずはない」。頭から否定する意見には「そもそも日本の承認はいらない」と反論する。

沖縄の米空軍嘉手納基地を背に立つ松島泰勝と親川志奈子。

国連憲章や国際人権規約は民族の自己決定権を認めている。「県議会で議決し、住民投票で過半数の賛成を得て独立を宣言し、国連に加盟申請する。あとは徐々に国家として承認してくれる国を増やせばいいんです」

石垣島で生まれ、気象台に勤める父の転勤で南大東島や与那国島を転々として育った。「みな米軍基地もない小さな島だったが、自然に恵まれ、十分な暮らしがあった」

早大大学院を経て在グアム日本総領事館、在パラオ大使館に研究員として勤務した。パラオの人口は約二万人。沖縄の約一四〇万よりはるかに少ないが「非核憲法を持つ独立国として国際社会で一目置かれていた」。

思い描く琉球国は非武装中立、近隣友好の「平和と希望の島」。国の範囲は奄美以南、与那国以東の琉球弧の島々とするが、琉球国に帰属するか否かは島々の「自由にしたい」。かつての琉球王国のようにアジアの交易拠点になれば、経済的自立は十分可能と考える。

しかし、学会が創設されたころから、危険思想のように一部の人々から攻撃を受けるようになった。「耐え難いほどの琉球差別に満ちた」ファクスも届いた。中国メディアが「琉球国復活を支援すべきだ」という論調を掲げたことも手伝って「中国の日本侵略に手を貸している」と罵倒する言葉さえあった。

独立という選択肢に理解を示す人からの学会批判もある。会員資格を「琉球に民族的ルーツを持つ者」に限定したことに沖縄在住の作家、仲村清司《なかむらきよし》は「琉球人を血で規定することは認め難い」と首を振る。これは将来の課題にもつながる。独立の是非を問う住民投票を実施するとき、投票資格をどう定めるか。

人間の回復

独立論の歴史は古い。薩摩による侵略、明治政府による琉球処分（日本への併合）を源流とし、本土復帰前の一九七〇年には野底武彦《のかたけひこ》らが「日本は祖国でない」と訴えて琉球独立党（現・かりゆしクラブ）を結成したが、運動は広がらなかった。

独立論が「希望の選択肢」として現実味を帯びることはあり得るのか。

沖縄県知事・翁長雄志《おながたけし》は辺野古の基地建設阻止を「沖縄の自己決定権に基づき、主張していく」と語っている。

沖縄は、米従軍記者が「戦争の醜さの極致」と書いた地上戦を経て、戦後も重い基地負担という犠牲を強いられてきた。

自己決定権とは政治的権利にとどまらず、人間性の回復をも意味する。そう考える松島は翁長の言葉に希望を見る。「これからはアイデンティティーこそが琉球の力の核となる」

●記者ノート●

日本は祖国か

一四五八年に琉球で造られた「万国津梁《しんりょう》の鐘」には「琉球国は中国と日本との間にある理想的な島。船を通わせて諸国のかけ橋となる」との意味の碑文がある。当時の交易立国・琉球の心意気を示した言葉だった。

琉球は一六〇九年の薩摩による侵略を経て、一八七九年の琉球処分によって日本に併合。約二〇万人が亡くなった沖縄戦の後は米軍統治下に置かれ、一九七二年に日本の施政権下に復帰した。

独立を現実的選択肢とする意見はまだ沖縄でも少数派だ。しかし、沖縄の歴史をつぶさにたどり、基地負担の現状と照らすと「日本は祖国だったのか」という独立論の問いは重く響く。

二〇一四年一二月一三日配信

第4章　刻む　生と死

◆岐路から未来へ◆

樺美智子と女性史

聖少女の偶像を越えて——掘り起こす実像

文・佐々木央
写真・堀　誠

日米安保条約の改定に反対する学生や労働者、市民のおびただしい人波が国会を取り囲んだ一九六〇年六月一五日。学生らが夕刻、国会構内に突入して警官隊と衝突、東大四年生だった樺《かんば》美智子《みちこ》が死亡する。

広島市から上京して早稲田大に入ったばかり、当時一八歳の江刺昭子《えさしあきこ》はサークルの仲間と連日デモに参加していた。だが、この日は前線にいない。

当時、全学連を主導したのは、共産党の方針に反対して結成された共産主義者同盟（ブント）だった。「私が属した文学研究会は穏健派。主流派が国会突入を計画していることは分かっていたから、反主流派の隊列にいました」と江刺。国会や警視庁周辺をデモ、樺の死を知らずに帰宅した。

女子学生の死で人々の怒りは燃え上がったが、六月一九日、条約は参院の議決なしで自然成立する。「運動は潮が引くように消えていった」

大学卒業後、江刺は出版社に入り、独立して二九歳のとき大田洋子の評伝を書き、田村俊子賞を受ける。大田は被爆者で戦争を告発し続けた作家だ。江刺はその後も、正史が顧みない女性たちを調べ、書き続けている。

著書の『樺美智子　聖少女伝説』を手に国会前に立つ江刺昭子。あの日、学生たちはここから突入した。

残る謎

樺のことはずっと気にかかっていた。

「六〇年安保の唯一の死者として偶像化されたのではないか。運動の消長とそれは、関係があるのではないか」

実像を追うために資料を集め始めたのは二〇〇五年。高校、大学の親友、ブントの関係者や親族と会って生の輪郭をつかみ、死の真相に迫った。

「死からすぐに慰霊のセレモニーが続き、樺の聖化が始まった。それは怒りを鎮める働きをしたのではないか」と江刺はみる。映画監督の松山善三は「可憐な少女」と形容し「未来には、恋や結婚や育児という、輝かしい、そして美しい人間の生活があり得た」と書いた。他にも「少女」「処女」を強調する言辞があふれ、ジャンヌ・ダルクやキリストになぞらえる詩や弔辞まで。

だが樺は当時二二歳、少女ではない。ブントの中核メンバーとして、安保を葬ろうと、確信的に国会に入り、倒れたのだ。

死因は謎だった。デモ隊が崩れて圧死したのか、何者かに首を絞められたのか。樺は一九六〇年一月の闘争で逮捕され、運動ではヒロイン的存在だった。絞殺だとすれば、警察に狙われた可能性さえある。絞殺を示す有力な証言もあったが、東京地検の発表は圧死。

江刺は謎に肉薄し、世間に圧死を印象づけた報道の誤りにたどり着く。樺の両脇にいて「倒れた女子学生を泥靴が踏みにじった」などと証言した明治大生や東大生は大学には実在しなかった。ここにも虚偽によるイメージ操作があった。誰が何のために？　謎は残った。

『樺美智子　聖少女伝説』は二〇一〇年五月に刊行された。樺は早くから社会問題に関心を持ち、兵庫県立神戸高から東大に進んで、次第に思想性を強めた。貧困や社会矛盾の解消を願って党派の活動をしながら勉学も怠らない。真っすぐで誠実な、やや硬質ともいえる姿を江刺は描き出した。

樺は大学教授の娘、江刺の父も同じだ。当時、大学へ進む女性は少なく、樺が入学した年の東大の新入生二〇一九人中、女性はわずか六三人。「恵まれて育ったことへの負い目のような感情もあったと思う」。江刺は自らの内面と重ね合わせる。

等身大

一九八六年、江刺は神奈川県の女性史刊行計画に専門委員として招かれる。このころから自治体の女性史講座や女性史編さんに関わる機会が増えていった。

自治体史を編むときは普通、歴史の専門家を集める。「男性ばかりで、男性の視点で貫かれている。半分を占める女性の歩みは、ほとんど書かれていない」。女性史に先行した「神奈川県史」の人物編は、四四七〇人中、女性が一四六人、三％強にすぎない。

神奈川県の女性史『夜明けの航跡――かながわ近代の女たち』は、江刺ら専門家に一般の県民女性が加わり、行政も協働して完成した。以降、地域女性史では三者が協力する「神奈川方式」が主流になる。

一般の人に資料の収集や選択、聞き取りや文章表現を教えるのは「自分で書くより何倍も手間がかかる」。それでもやっているのは安保の経験があるからだ。あのころ江刺は仲間と話し合いを重ねた末に行動を起こした。人はそのようにして成長すると思う。それに「長い間、公的分野から排除されてきた女の歴史は文書だけでは編めない。大勢の力が必要です」。

皇太子妃と樺の「二人の美智子」は、六〇年安保のころを象徴する存在となった。だが女性を偶像化して利用することも、逆に存在を無視することも、あってはならない。「地域の女が賢くならなければ」。その思いを胸に、江刺は等身大の女たちの生を刻み続ける。

●記者ノート●

教訓

圧死を印象づける学生の話は、樺の死の翌日、朝刊二紙に掲載された。倒れた女子学生を学生たちの泥靴が踏みにじったくだりの後はこう続く。「そのあと巻き返しにでた警官たちがまた乗り越えた。そのとき『女が死んでいる』とだれかが叫んだ…」。内容は具体的で詳細、リアリティーがある。

事件が起きると「目撃した」という人を記者たちが取り囲むことはよくある。そのとき証言の信ぴょう性について、記者がどれだけ意識しているかと問われれば、自信はない。だが、その証言が事件に対する社会の受け止め方を左右するのだ。樺の死はメディアに対しても重い教訓を残している。

二〇一四年一月一八日配信

◆岐路から未来へ◆

図書館の使命

働く人の生きた証し残す――資料守り抜く覚悟

文・佐々木央
写真・堀　誠

館長の谷合佳代子《たにあいかよこ》（五五）が「日本一貧乏な図書館」と言う大阪産業労働資料館（エル・ライブラリー）は、大阪市中央区の府立労働センターにある。入り口には古本が並び、ワゴンには茶器や日用品。付箋に書かれた値段は一〇円、二〇円、五〇円……。わずかな売り上げも運営費に充てる。だが、谷合の表情に悲壮感はない。

「下積みで働いてきた人たちが今の社会をつくった。その資料を集め、生きた証しを残すのが、私たちの使命です」

現代の焚書

エル・ライブラリーの前身は、府労働情報総合プラザと大阪社会運動協会（社運協）資料室。プラザは二〇〇〇年、府直営から社運協の運営委託となり、谷合は責任者として、社運協資料室と一体で

戦前の労働者が会社側に提出した要求書を見せる谷合佳代子。1935年ごろに作られた組合旗（右）などの貴重な資料が収蔵されている。

運用してきた。

労働運動で使われた旗や帽子を展示し、同じビルのジョブカフェ（就業支援スポット）に来る若者向けに就活や働くことをテーマとする本を増やした。訪れる人本位の運営を心がけ、受託から八年で利用者を四倍にした。

だが〇八年、政治の波が直撃する。二月に府知事に就任した橋下徹《はしもととおる》は財政再建のために、施設の売却や補助金打ち切りに動く。プラザ廃館という方針に、反対署名を集め、抗議声明も出したが、覆らなかった。四万四千冊の蔵書は廃棄するという。谷合はブログに「現代の焚書」と書いた。

三池争議（一九五九〜六〇）で労働者が闘争のために作ったホッパーパイプ（木製パイプ）を保管していたが、廃館を知った寄贈者が返還を求めてきた。「資料は絶対に守る」と断り、館に残した。

七月三一日、閉館の日に取材に来たテレビ局の記者は、谷合から「残念」「悔しい」という言葉を引き出そうとしたが、拒んだ。口から出たのは「明日から頑張ります」と前を向く言葉。再出発すると決めていたからだ。

焚書は許さない。蔵書は引き取り、規模は小さくても、私設図書館として続ける。でも資金は？　館長補佐の千本沢子《ちもとさわこ》（四六）や当時の社運協理事長らと、会費を払って運営を助けてくれるサポーター集めに奔走した。傍らエル・ライブラリーの開館準備を急ぐ。「ぐちゃぐちゃでした。本や資料で足の踏み場もない状態」。それでも〇八年一〇月、開館にこぎ着けた。

資料を救え

図書館界の憲法ともいえる「図書館の自由に関する宣言」は、戦前の図書館が「『思想善導』の機関として、国民の知る自由を妨げる役割さえ果たした」と自省する。だが戦後も、誰かの意を受けて本を撤去したり、警察に市民の利用情報を提供したりする例が相次ぐ。最悪は一九九五年、サリン事件の捜査で、国会図書館が五三万人の利用データを無抵抗で警視庁に押収されたケースか。

谷合は館をつぶそうとする動きにあらがい、資料を守り抜いた。強い覚悟はどこからくるのか。

京大で現代史を学び、社運協にはアルバイトとして入った。労働運動史編さんのための資料収集と整理が仕事だった。「自分が何をしたいのか分かってなかった。組織のコマになるのは嫌だったし。モラトリアムです」

最近、学生時代の資料を引っ張り出したら、全て分類して時系列にファイルしてあった。「アーカイブ（記録資料の保存）の仕事をするのは運命だったのかもしれない」

エル・ライブラリーの存続さえ、めどが立っていなかった〇九年三月、谷合と千本は驚くべき行動に出る。名付けて「産業資料救出作戦」。

国立産業技術史博物館をつくるために、旧万博パビリオン「鉄鋼館」に大量の資料が保管されていた。だが計画は頓挫、資料が全て廃棄されると知って、救出に乗り出したのだ。廃棄まで二週間。運搬には人手が必要だ。ボランティアを急募し、文書資料以外に工具や機械まで引き取った。

何の工具か分からないものを、その年五月の展示会に解説なしで並べた。たまたま見に来た谷合の父が「うわあ懐かしいなあ、ろくろ旋盤や」と声を上げた。父は旋盤工。「使い方も全部分かる」。資料が意味を持ってよみがえった瞬間だった。

一〇〇年後

発足間もないエル・ライブラリーの運営に疲れ切っていた時期。ベンヤミンの歴史哲学の解説書を読んで泣いた夜もあった。「感動して、静かに本を読む生活をしたいと一瞬思った。研究者になっていればって」。だがベンヤミンは、現在の目で過去を断罪するのではなく、その時代に立ち返り、その時代の人間の立場で考えるよう求めていた。「そのためには記録が、一次資料が必要です」

「一人ひとりの人生なんて短い。死んだら忘れ去られる。でも生きた証しは歴史のどこかに必ずあって、いろんな形で脈々と受け継がれていく。それを残していくのが私の役目です。一〇〇年後に研究者が見てその意味を知るかもしれない。それって楽しいじゃないですか」

●記者ノート●

真理がわれらを自由にする

国会図書館の本館、中央出納台の上に「真理がわれらを自由にする」という言葉が刻まれている。戦後民主主義の理想を象徴する言葉だ。「図書館の自由に関する宣言」はその理想を実現するために、資料収集や提供の自由に加え、利用者の秘密を守り、全ての検閲に反対すると宣言する。

だが図書館の自由も、自由な言論空間があって初めて意味を持つ。核心が書き換えられたり隠されたりしたら、資料は価値を失うか、意味を変えてしまうだろう。特定秘密保護法はその危険な道につながっている。

図書館人と利用者たる私たちはいま、図書館の自由から一歩踏み出すことが求められているのではないか。

二〇一四年二月八日配信

◆岐路から未来へ◆

映像記録作家と移民

言葉で表せぬ何か求めて——商業主義捨て対象に迫る

文　・佐々木央
写真・萩原達也

東京都目黒区の小さな喫茶店。ブラジルを拠点として記録映画を撮り続ける記録映像作家、岡村《おかむら》淳《じゅん》（五五）は上映準備を終えると、バッグを探った。出てきたのは小さなブラジル国旗を連ねた飾り。店内に張り巡らせる。

きょうの上映作品は観客の多数決で決める。せっかく国旗まで用意したが、昨秋の一時帰国時に取材した「房総の追憶」になった。登場する山川建夫《やまかわゆきお》（七〇）は元フジテレビアナウンサー。権力批判が問題化して社を去り、房総半島で米を作ってきた。冒頭、山川が朗々とした声で詩を読む。詩人でアイヌ解放運動家、宇梶静江《うかじしずえ》（八一）が東日本大震災後に作った詩「大地よ」。

「大地よ／重たかったか／痛かったか／／あなたについて／もっと深く気づいて／敬って／／その重さや／痛みを／知る術《すべ》を／持つべきであった」

作品の上映には必ず立ち会う。上映会を前に映写機材を調整する岡村淳。

対極

岡村の映画は商業主義の対極だ。一人でも希望があれば出かけて上映する。必ず立ち会い、観客と対話する。DVDにして売ったりはしない。

出発はテレビだった。一九八二年、早大を卒業し、日本映像記録センター（映像記録）に入社。映像記録は日本テレビ系の「すばらしい世界旅行」を制作していた。

社を率いたのは牛山純一《うしやまじゅんいち》（一九三〇～九七年）。ドキュメンタリーのパイオニアだ。牛山の下で岡村が手掛けた最初の作品は「ナメクジの空中サーカス」。

その後、中南米の取材を任され、インディオの生活や吸血コウモリの生態までリポートした。だが岡村は限界を感じる。

ヒューマンな企画はなかなか通らない。牛山には「無能」と言われた。「取材する側でなく、取材される側の事情に合わせて取材したい」と思った。八六年退社。翌年、それまでの取材でほれ込んだブラジルに移住し、テレビの仕事を続けた。

九〇年代に入り、日本のバブル経済が崩壊、制作費のかさむ海外取材番組は次々終了した。このころから岡村は小型ビデオカメラで対象に迫る「一人取材」を試みるようになる。日本から来るスタッフの食事や宿を手配する必要もない。重い機材からも解放された。

「画質はプロ用の機材に、はるかに劣る。でもたっぷり時間をかけて相手との信頼関係を築けた」

自省

初の日本人移民団が笠戸丸でブラジルに着いたのは一九〇八年。移民は国策として進められ、ブラジルの日系人はいま約一五〇万人に上る。苦難の中でたくましく生きてきた移民たち。自らも移民となった岡村は、彼らの生きざまを掘り起こしていく。

「六〇年目の東京物語」は九五年の作品。戦前、夫や子どもとブラジルに移民し、いまは一人暮らしの八〇歳の女性が主人公だ。初めて日本に里帰りする姿を岡村のカメラが追う。

栃木県に住む三歳上の姉との再会の場面。ホテルの一室で二人があいさつする。「六〇年ぶりに帰って参りました」「そうですね。でもお丈夫でいらして……」。よそよそしい言葉が続く。感動の再会には程遠い。期待を裏切られ、岡村は落胆した。

翌朝、足を悪くしている姉を妹がマッサージした。妹は姉の足が悪いと聞き、マッサージするのを楽しみにして来たのだ。気丈な姉がしきりに目頭を拭う。

姉の家で三泊、妹は姉にいとま乞いをする。そのとき姉は言葉にならないおえつのような叫び声を上げる。この世でもう二度と会えないだろう。別離の悲しみ。叫び続ける姉を、妹がそっと抱く。「言葉で表現しきれない何か。それがあるから、私は記録映像にかけた。記録者が感動や解釈を押しつけてはならない」。岡村はそう自省する。

社会問題もフィールドにした。九〇年代、ブラジルで広大な遊休地を持つ大地主に土地を手放すよう迫る「土地なし農民運動」が盛り上がった。取材すると、土地なし農民が、ならず者でも怠け者でもないと分かった。

ブラジルには植民地時代からの大土地所有が残る。大地主は権力者と結びつき、目障りな農民や活動家を追いだすか、殺してしまう。岡村は最前線で運動を指揮する日本人移民に迫った。

戦後の移民の中には、原爆被爆者もいた。置き去りにされた在外被爆者を取材し、核の問題にも目を向けていく。

真実

上映された「山川建夫　房総の追憶」のラストシーン。自然農法で作った米から放射性物質が検出され、山川は房総を去ることを決める。そしてこう話す。

「この時代の混乱は、人間が自然から離れてしまったこと、そして次の世代への責任を果たすことを忘れてしまったこと。それがあれば、ここまで環境を悪くすることはあり得なかった」

次の定住の地を探す「国内移民」となった山川。自分の時間を生きるために、日本を離れた岡村。

国策に応じて故国を去った移民たち。彼らにこそ見える真実があるのかもしれない。

●記者ノート●

カメラを置く

岡村は作品を売らず、上映会にこだわる。「僕は無名の人を探し出して家族にも言わない話を託してもらっている。悪意で使われるわけにはいきません」。被写体を笑ったり侮辱したりせず、真剣に向き合ってほしい。だから上映に立ち会う。

相手のプライドを傷つけると思えばカメラを置く。作品が成立した後は回さない。「プロではないと言われるかもしれない。それならプロでなくてもいい。誰でもいつでも、無自覚に撮影できる時代です。何を撮ったかでなく、何を撮らなかったかが問われている。僕は神でもなければ記録装置でもない。カメラを置いて始まる付き合いもあると思うんです」

二〇一四年五月三一日配信

◆岐路から未来へ◆

特攻隊遺族

破られた遺書、秘めた苦悩――母の思いは納経帳に

文と写真・播磨宏子

「人間の命は、まさに弾でした」。浜松医大名誉教授の山下昭《やましたあきら》（七七）が満員の聴衆に淡々と語りかける。福岡県筑前町の大刀洗《たちあらい》平和記念館で五月に開かれた講演会。

背後のスクリーンに飛行服姿の青年が映し出される。こちらをじっと見詰めている。山下の兄、正《まさ》辰《たつ》だ。太平洋戦争末期、この町の陸軍大刀洗飛行場から沖縄に向かって飛び立ち、特攻死した。一八歳の若さだった。

山下の兄が搭乗したのは、一一・九トンもの爆弾を積んだ重爆特攻機「さくら弾機」。もともと「飛龍」と呼ばれた重爆撃機を改造し、自衛のための銃器ばかりか計器類さえ取り払われていた。

後ろめたさ

山下は愛媛県宇和島市で生まれ育った。終戦時は八歳。宇和島は度重なる空襲で焼け野原になって

いた。「食べ物を求めてさまよった。今日を生きるのに精いっぱいだったから兄の死を悲しむ時間なんかなかった」

必死で勉強して京大医学部を卒業、解剖学の研究と教育に身をささげてきた。だが、そんな日々の中で後ろめたさを感じることがあった。「私は平和な時代に生きてきた。それにひきかえ兄は……」

短かった兄の生涯を写真として記録し始めたのは二〇〇一年。母が脳梗塞で倒れたのがきっかけだった。一時、意識不明になったため母の身の回りの整理をするうち、物置でぼろぼろのベニヤの木箱を見つけた。中には手紙、ノート、千人針、使い古された歯ブラシや変色した鉢巻き……。

箱の底に敷かれた白い布には位牌《いはい》のような形が描かれ、その中に縦書きで「故陸軍伍長山下正辰の霊」とあった。軍から送られた遺品箱だった。布は死亡通知のつもりだったか。悔しく、悲しかった。「まーちゃん（兄）はいつか帰ってくるよと、母はいつも言っていた」。だから遺品箱を見せなかったのだろう。

粗末な箱一つになって帰ってきた兄の生きざまを残したいと思った。カメラを手に兄のゆかりの地や、ゆかりの人を訪ねた。自分に泳ぎを教えてくれた宇和島の川、懐かしい段々畑にもレンズを向けた。沖縄・読谷村の残波岬を訪ねたのは〇二年夏。岬の丘に立ち、シャッターを切った。海に夕日が降り注ぎ、きらめく。「ああ、兄貴はここに眠っているんだ」。涙があふれた。

重なる朱印

遺骨のない兄の死に、母はどんな思いで向き合ったのか。調べていくうち、母の納経帳を見つけ、

大刀洗平和記念館に展示されている兄正辰の遺品の前に立つ山下昭。軍服姿の肖像画は、母の松江が亡くなるまで自室に飾っていた。

山下は胸をつかれる。

母は四〇代後半から亡くなる数年前まで四国八十八カ所霊場を六五回も巡礼していた。お経を納める度に押される納経帳の朱印は重なり合い、どのページも真っ赤だった。

母松江は一九〇六年、宇和島で生まれた。建築業を営んでいた父と一七歳のとき見合い結婚。一九歳で正辰を身ごもる。体調が優れず、無事出産できるか危ぶまれたという。四国は弘法大師信仰が厚い。「弘法大師さんを信じなさい」と医者に励まされ、すがり、祈った。

その長男が旧制宇和島中四年のとき、陸軍航空通信学校に進むと言いだす。母は泣いて引き留めたが、兄は「国の命令で兵隊にとられるより自分の意思で決めたい」と言って、きかなかった。

「母は兄を兵隊に行かせてしまったことを悔い、いつか弟の私までもが徴兵されるのではないかと、戦後もずっと恐れていた」。山下が医学の道に進むことを決めたとき「医者なら兵隊にとられることもないわね」と心から喜んだ。

ゆめの腕に

母は九二年、元特攻隊員の板津忠正《いたつただまさ》（八九）に遺品を託していた。板津は鹿児島・知覧の飛行場から飛んだが、エンジントラブルで生還。自らが生かされた意味を問い、特攻の歴史を伝えている。

二〇〇五年に母が亡くなった後、山下は板津を訪ね、兄の遺書の存在を知る。兄は一九四四年夏に帰省した際、遺書を用意していたが両親に渡せず、軍に戻る朝、破り捨てた。母はくずかごから見つけ、貼り合わせて復元し、写しを板津に渡していた。

兄の足跡をたどり、最期の日々も知った。

出撃基地となった大刀洗で交流のあった地元の女学生に、自分の出撃後、妹が悲しまないよう文通相手になってくれと頼んでいたこと。出撃前夜、飲み歩いていたこと。

一八歳の青年が、逃れられない死を前に苦悩しないはずはなかった。山下は写真集と本にまとめ、兄の生涯と、兄亡き後の母の日々を刻んだ。

大刀洗平和記念館での講演は、ちょうど兄正辰の命日に当たっていた。山下は聴衆の前で短歌を読み上げた。

〈父や母　よも散りしとは思うまじ　みたまかえるか　ゆめの腕《かいな》に〉

作家を夢見ていた正辰が、死の数週間前、母に送った最後のはがきに記した歌だ。会場のあちこちから、すすり泣きがもれた。

●記者ノート●

愛機

年間五〇万人以上が訪れる鹿児島県の知覧特攻平和会館には、特攻隊員が家族や恋人に送った手紙が展示されている。

両親に感謝し、弟妹に孝行や勉強を勧め、妻や恋人への愛をつづる。いま私たちが送る手紙やメールとそう変わらないように見えるが、そこには死が濃い影を落とす。

隊員の身の回りの世話をした「なでしこ隊」の一人で当時、女学校三年だった女性は出撃前日、飛行機の下で「これが俺の愛機なんだ」とぽろぽろ涙を流した飛行兵の姿が忘れられないという。

見送った人も、残された家族も、切なく、つらい思いを抱え続けている。悲劇を繰り返してはならない。

二〇一四年七月一二日配信

三井三池炭鉱

歴史を記録し語り続ける――今こそ学ぶ、最大の争議

文　・佐々木央
写真・有吉叔裕

二間続きの和室の壁に赤旗や鉢巻き、ビラや写真が掲示されている。部屋の隅には石炭くずを溶かして作った石炭人形やヘルメット、多くの本や写真集が置かれた。

滋賀県彦根市の前川俊行《まえかわとしゆき》（六二）の自宅には「前川ミュージアム」の別名がある。この日も炭鉱について学ぶ龍谷大の学生らが訪れ、前川の話に聞き入った。

郷愁

初めは郷愁だった。敗戦で台湾から引き揚げた父は三池炭鉱の採炭工となり、熊本県荒尾市の炭鉱社宅に住んだ。前川はそこで一九五二年、三男として生まれた。幼い日の鮮明な記憶は六一年三月、三池を去る日の光景だ。

社宅近くの市電の駅に人が集まっていた。労組の旗のわきに「楠元さん（前川の旧姓）がんばれ」

自宅に展示した三井三池炭鉱の資料の前で説明する前川俊行。背後の赤い旗は三池闘争による逮捕者に仲間が贈った寄せ書き。

の横断幕。「何かあいさつせんね」と母に促され、父が口を開く。母は横で頭を垂れ顔を上げない。泣いていたんだろう。

前川は長く滋賀県警で警察官を務めたが、三池への思いは強くなるばかりだった。九七年、三池炭鉱閉山と前後して「このままでは懐かしい炭鉱がなくなる。せめて記録に残したい」と「異風者からの通信」と題するサイトを開く。異風者は「いひゅうもん」と読み、熊本弁で「変わり者」の意。古い写真を載せ、思い出をつづり始めた。

しばらくして手紙が届く。「故郷を懐かしむ気持ちは分かります。しかし三池炭鉱には負の歴史もあった。そういうことも学んでほしい」。差出人は三池で定年まで働き、後にじん肺訴訟の原告となった男性だった。その手紙が前川を郷愁の外の世界に連れ出した。

痕跡

石炭産業は戦後、復興を支える基幹産業として集中的に資本投下された。だが石油への転換方針により一転、合理化を迫られる。福岡県大牟田市から荒尾にまたがる三池炭鉱は三井鉱山が所有、最大の出炭量を誇ったが例外ではなかった。五九年、会社は希望退職の募集から労組活動家の指名解雇へ突き進む。前川の父にも解雇通知が届いた。

会社のロックアウト（作業所閉鎖）に組合が全面ストで対抗、戦後最大の労働争議に発展するが、六〇年秋、組合は指名解雇を受け入れる。前川一家が三池を去ったことにも負の歴史が深く関わっていた。

前川は五三歳で警察を辞め、臨時や契約社員として働きながら、関西各地や三池現地で多くの関係者に会って証言を集め、膨大な資料とともにサイトに掲載していく。それらを自らの記憶と重ねるうち、そこに負の痕跡が幾つも埋め込まれていることに気付いた。

争議のとき、父が腹に週刊誌を当てサラシを巻いている姿を見たことがある。わけを聞くと「こうすれば暴力団に刺されてもだいじょうぶだ」。六〇年三月、当時三二歳の三池労組員、久保《くぼ》清《きよし》が刺殺される事件が起きていた。

荒尾を出た後の最初の落ち着き先は岐阜県土岐市、そこで母に言われた。「三池炭鉱にいたこつは誰にも言うたらでけん」。三池の指名解雇者は「赤」のレッテルを貼られ、再就職が難しかった。

六三年一一月、三池炭鉱三川鉱で炭じん大爆発が起きる。死者四五八人、戦後最悪の労災だった。

「父ちゃん、首になってよかったよ。そうでなかったらあんたも死んでたばい」。母がそう話していた。「ああ、あの人も死んだ、悔しかねえ」。事故の背景には、争議終結後、安全よりも生産性を優先した経営があった。

中学を卒業したとき「どうしても帰りたい」と親に頼み、一人で荒尾を訪ねた。「ガス患」と呼ばれる人に出会った。炭じん大爆発による一酸化炭素（CO）中毒患者。八三九人が重い症状に苦しんだ。彼らは幼い日の自分を知っているはずなのに、目が合っても、うつろで一言も発しなかった。

恩義

高校生のころ、学生運動が高揚した。「おとなしく勉強してたらいいのに」とつぶやくと、母に「あの人たちは私たち労働者の代わりに闘ってくれてるのや。そういうことを言ったらあかん」とたしなめられた。三池では多くの学生が労組側について闘った。母は恩義を感じていたのだと思う。

支持政党の違いで兄と言い争っていると、母が割って入った。「そんなことは三池でたくさんや」。争議では会社寄りの第二組合が結成され、兄弟や隣人が分断され、憎み合った。悲しい経験が母にそう言わせたのだ。

七三年、父が六一歳で肺がんで亡くなる。たばこは吸わなかったのに「肺が真っ黒だった」と医師に言われた。当時じん肺という言葉も知らなかった。

二〇一一年三月、原発事故の映像を見たとき「その白い煙と炭じん爆発の黒い煙が重なって見えた」。CO中毒で今も苦しむ患者家族がいる。それが福島で繰り返されるのではないか。三池闘争と炭じん爆発から、私たちは何も学んでいないのではないか。だからこそ資料を集め、記録し、語り続けなければならない。

●記者ノート●

とげ

三池闘争は「総資本対総労働の対決」として労働運動の分水嶺《れい》になったといわれるが、複雑な諸相を持ち、評価が定まったとはいえない。最も大きな意味は何だったのか。

三池の労働者の一人は前川に「俺たちも人間だという闘いだった」と語ったという。三池闘争が労働者の「人間」を守る闘いだったとすれば、教訓は今こそ重い。劣悪な労働条件で働かせるブラック企業がなぜ存在しているのか。放射線にさらされながら未組織で働く原発労働者たちをなぜ守ろうとしないのか。

それらの人々の犠牲の上に、私の生活が成立している。「三池」というとげは今も、のど元に突き刺さり熱を発し続ける。

二〇一四年九月六日配信

◆岐路から未来へ◆

検閲と詩人

まつろわぬ民、真実に迫れ――言論の深い傷見つめて

文・長沢克治
写真・堀　誠

「日本軍を非難しているのは明らかなのに、占領軍はこの詩をなぜ削除したのでしょうか」

砂浜に白波が押し寄せ、波間にサーファーが漂う千葉県御宿町。大海原を望む高台の自宅で、詩人の堀場《ほりば》清子《きよこ》（八四）は、原爆詩「生ましめんかな」で知られる栗原《くりはら》貞子《さだこ》の詩歌集『黒い卵』（一九四六年八月刊行）を挙げ、記者に問い掛けた。

言論活動に対する日本の検閲体制は敗戦後まもなく解体された。だが連合国軍総司令部（ＧＨＱ）は四五年九月にプレスコードを敷き、四九年一〇月までＧＨＱ傘下の民間検閲局（ＣＣＤ）が事前・事後の検閲を続けた。

痕跡を残さないよう厳格かつ巧妙に行われた占領下の検閲。堀場は、八〇年代に米国に残る検閲資料を調べ、その実態を掘り起こした一人だ。

栗原の『黒い卵』の場合、事前検閲で削除を命じられたのは、二九編の詩のうち「戦争とは何か」

自宅から近い千葉県御宿町の海岸に立つ堀場清子。

など三編、短歌一一首。

「戦争とは何か」は中国大陸での日本軍の暴虐を告発する内容で、四二年一〇月の作だ。〈わたしは戦争の残虐を承認しない〉と始まる詩は、こう結ばれている。

〈故国にあれば、よい父、よい兄、よい子が／戦場という地獄の世界では／人間性を失ってしまって／猛獣のように荒れ狂うのだ〉

堀場は知った。「軍隊や戦争を否定する言葉はいけなかった。占領軍のおかげで日本人が解放されたというのは幻想です」。敗戦によって検閲の主体が日本政府から米軍に代わるが、軍や戦争に対する批判を許さない姿勢は同じだったのだ。

被爆体験

詩集『首里』で現代詩人賞を受け、高群逸枝《たかむれいつえ》の伝記などで女性史研究者としても知られる堀場は、被爆者である。

四五年八月六日。疎開先の広島市郊外の緑井村（現在の同市安佐南区）にあった祖父の病院で、瀕《ひん》死《し》の人々の救護を手伝う。後日、街に入り、残留放射線にさらされた。

「この世の地獄を自分の目で見た人と、見ていない人の間には越えられないクレバスがある」

堀場は当時、女学校三年の一四歳。前年に東京から祖父宅へ、母、弟と共に縁故疎開していた。「悲劇を伝えたいが、表現する力がなかった」と堀場。早稲田大の学生時代に詩作を本格的に始めるが、原爆詩は五七年、二七歳になるときまで書けなかった。

八一年夏、早大から米コロンビア大へ在外研究員として招かれた夫の歴史学者、鹿野政直《かのまさなお》（八三）に同行した。首都ワシントン郊外のメリーランド大図書館を訪ね、「プランゲ文庫」の膨大な検閲資料と出会ったのはその年の秋のことだ。

「被爆者のうめきが忘れられず、その文字による表現を、加害者がどう検閲したのか、ギロギロ見てやろうと思った」

図書館から車で二〇分の所にアパートを借り、約一カ月、文庫に通い詰めた。検閲ゲラのコピーや文書を分析すると、意外な事実が浮かび上がる。

学術論文からガリ版の同人誌まで原爆をめぐる検閲は厳しかった。だが『黒い卵』では、「生ましめんかな」など原爆関係の詩歌は削除命令の対象になっていなかった。栗原が、事前検閲をパスした短歌を「自主規制」により出版時に削除していたことも分かる。

削除したのは〈傷つかで真裸のまゝのがれ来し少女に子らのパンツあたえぬ〉（「原子爆弾投下の日」より）――など九首。このころ、栗原の夫は米軍に呼び出され「原爆の惨禍が続いているとは書くな」

と脅された。堀場は栗原の心の内を推し量る。「絶対的権力組織・暴力組織としての占領軍が、いかに恐ろしいものだったか」

『黒い卵』の検閲ゲラの写しは、堀場から栗原に手渡され、検閲と自主規制で削除された詩歌を復活させた完全版が八三年に出版された。

鬼の怒り

御宿の海岸にも東日本大震災の津波がやってきた。東京電力福島第一原発事故は「人災」と、堀場は断じる。創作活動の集大成として『堀場清子全詩集』を刊行したのは二〇一三年末。その直前、日米同盟を背景に、安倍政権が特定秘密保護法を力ずくで成立させていた。

全詩集は計一二〇〇ページ近い大著だ。一四歳で原爆に、八〇歳で原発事故に遭った堀場は、世界の核被害をつづる叙事詩「またしてもの放射能禍」を収めた。政治への怒りは抑えきれない。数ページのつもりで書き始めたあとがきは、あっという間に膨れ上がり、別冊のエッセー集『鱗片《りんぺん》』になった。

古来、支配されない異形の民だった鬼。タイトルの「鱗片」は、能や歌舞伎で鬼の衣装に使われる鱗《うろこ》文様を意識して名付けた。その中に、こんな詩の一節がある。〈われら　まつろわぬ民／三角のウロコ連なる鬼の袖を／旗幟《きし》に立てる〉

「今こそ言論の自由を鼓吹し、いのちを守るために鬼となるほどの怒りが必要ではないか」。そんな思いを込めた。

●記者ノート●

司書の努力、忘れまい

プランゲ文庫は、一九四五年から四九年までに日本で出版された膨大な書物を所蔵する。雑誌一万三八〇〇種類、図書七万三千冊……。連合国軍総司令部（GHQ）傘下の部隊に発行者が提出した。

検閲は占領政策を浸透させ、思想動向を調べるためだ。検閲制度の終了後、残された資料群の価値を見抜いたのはGHQの歴史学者ゴードン・プランゲ。資料はプランゲゆかりのメリーランド大図書館に移管された。

資料を読み解き、整理に尽力した奥泉栄三郎《おくいずみえいざぶろう》、村上寿世《むらかみひさよ》ら日本人司書の存在を忘れてはいけない。その努力の結果、占領下の言論活動を掘り起こす手掛かりが研究者や市民に伝えられた。

二〇一四年一一月二二日配信

文・太田昌克
写真・有吉叔裕

◆岐路から未来へ◆

日米安保と沖縄

歴史の闇照らす老歴史家――従属構造への視線鋭く

二〇〇八年春、戦後日米史の「闇」がまた一つ、老歴史家の手によって照らし出された。日米研究史家の新原昭治《にいはらしょうじ》(八二)は定宿とする米ワシントン中心部のホテルで、米国立公文書館でこの日コピーしてきた大量の文書を読み進めていた。

「SUNAKAWA」「DATE」の文字を目にしてコピーした数十ページの米外交文書。「米国はこんなことまでやっていたのか……」。ワシントン郊外にある公文書館に通い始めて三〇年。初めて覚える驚きと怒りだった。

異例

駐留米軍は憲法九条の定める戦力不保持に違反するとした一九五九年三月の砂川事件一審判決は「伊達判決」として知られる。五七年に東京・立川飛行場に乱入し、刑事特別法違反に問われた基地

米公文書や書籍でぎっしりの自宅資料室に立つ新原昭治。右端のファイルの背表紙には岸信介、藤山嗳一郎の名前が記されていた。

反対派に無罪を言い渡した。

慌てた日本政府は一気に最高裁で決着を図る「跳躍上告」に打って出る。最高裁は一審判決を破棄し「自国の存立を全うするため、必要な自衛のための措置を取りうることは、国家固有の権能の行使」と断じた。

しかし新原が見つけた文書には、こんな「正史」に一行も書かれていない史実が刻まれていた。

米公電によると、違憲判決に仰天した駐日米大使マッカーサーは判決翌日、外相の藤山愛一《ふじやまあいいち》郎《ろう》と会談。日本が「判決を正すため迅速な行動を取る」よう訴え、跳躍上告を勧めた。異例の上告の背景には、米国の内政干渉があったのだ。

大使は最高裁長官の田中耕太郎《たなかこうたろう》とも密会。田中は大使に砂川事件を優先審理する方針を伝えた。

真相発覚から六年後、自民党は突如、砂川事件最高裁判決にある「必要な自衛のための措置」には集団的自衛権が含まれると主張し始めた。

新原は驚き、あきれる。「文書が六年前にあれだけ報道されたのに、自民党は砂川事件最高裁判決をわざわざ持ち出した。しかも判決が書かれた不正な経過に口を閉ざし、自分たちに都合のいい解釈に沿って判決文を引用する。これがまともな主権国家のやることか」

司法権力への米国の介入を許した末に導き出された最高裁判決。解釈改憲のために、これをこの期に及んで持ち出そうとした巨大与党のおごり。「底流には米国への追従構造がある」。新原はそう看破する。

伝言

米軍基地が集中する沖縄への思いは強い。原点は長崎のラジオ局記者だった五六年、五島列島で聞いた沖縄の漁師の悲痛な叫びだった。

五島列島を訪れたのは台風取材のためだった。沖縄・糸満から漁に来ていた漁師を取材した後、宿に戻ると、漁師からの伝言が届いた。「隣の旅館にいる。来てほしい」

訪ねると、漁師数人が「絶対に放送するな」と断った上で、窮状を訴え始めた。結核治療で本土に行きたくても渡航制限で行けない。先祖代々の土地を米軍が接収した。女性たちが米兵の被害に遭っている……。全て米軍の圧政下で起きていることだった。

「衝撃でした」。その後、しんぶん赤旗の記者となり六三年、初めて米軍施政下の沖縄へ。一カ月間、基地の島を精力的に取材した。核ミサイルの発射基地を回り、作業員が極秘に撮影した発射口の写真を入手した。米中央情報局（ＣＩＡ）の関連施設に勤める従業員に会って話を聞いた。ベトナム戦争に投入される空挺《くうてい》旅団の演習場が置かれた西表島にも渡った。

「想像以上に基地に支配されていた。だが沖縄県民の不屈の魂はすごかった。自主と本土復帰を求める沖縄の状況を、日本国民は知らねばならないし、知らせなければならないと思った」。米軍によって那覇市長の座を追われた瀬長亀次郎《せながかめじろう》にも取材した。

六四年に「基地沖縄」と題し、ルポとして雑誌に掲載した。関係者への迫害を恐れ、実名でなくペンネームでの発表だった。

介入

八〇歳を過ぎてもエコノミー席に座り、東京の自宅から約一〇時間かけてワシントンに通ってきた。足で集めた公文書をひもとくと、対米従属を強める日本外交の姿が浮かび上がる。

五三年に初めて日本に寄港した米軍核搭載空母の航海記録。米軍核艦船の寄港を日本側が黙認した核密約の外交文書。「重要な案件」以外、米兵に対する一次裁判権を日本側が放棄した密約を記した議事録……。自宅の一室に集めた文書は、かつての占領国と被占領国のいびつな関係を映し出す。

「伊達判決は五九年。安保改定交渉さなかの出来事だった。真の主権回復を願い、アジアの平和を礎とする政策を追求するなら、違う対応を取るべきでなかったか。砂川事件を機に、米国の介入を受け入れることが事実上、制度化してしまった。実に罪深い」

集団的自衛権の行使容認をめぐり新たな岐路に立つ日米同盟。老歴史家の視線は鋭さを増す。

●記者ノート●

史実を見詰める目

解禁された公文書を使って過去の政策を検証し、史実を記す作業が日本でも一般的になってきた。教科書や権威的書物にある「正史」を塗り替えるような大発見をする民間研究者も少なくない。新原はその代表格だろう。米占領体制への反発から学生時代に共産党に入党し、赤旗で記者も務めたが、文書に向き合う姿勢は不偏不党そのものだ。

緻密で粘り強い史料調査はもちろんのこと、史実を見詰める謙虚で真摯《しんし》な目が、いくつもの裏面史発掘を可能にしてきた。公文書を利用して核密約はじめ日米史の暗部解明に努めてきた私にとっても、新原は格好のお手本である。

二〇一四年六月二一日配信

◆岐路から未来へ◆

俳句と震災

人間の実存に迫る――師と同じ真剣さで

文・田村　文
写真・小島健一郎

避難所になった体育館は底冷えがした。東日本大震災の夜。ラジオは、近隣の町が津波で壊滅したと伝えている。その町に住む生徒に問われた。「先生、壊滅ってどういう意味？」。受け入れられない気持ちは同じだった。「情報をうのみにしないようにしよう」。そう言うしかなかった。

俳人で高校教諭の照井翠《てるいみどり》（五二）が勤める岩手県釜石市の釜石高校は、海から六、七キロ内陸側にある。生徒たちは体育館に集めたから安全だ。だが、生徒の親たちは……。真っ黒な不安を抱えたまま、ろうそくを見つめる。

昼は雪が舞ったのに、夜は晴れた。満天の星だ。夜空を仰ぎながら思う。「津波で亡くなった人たちがいま、昇天しているんだ」。後に、こう詠んだ。〈春の星こんなに人が死んだのか〉

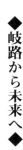

寒昴

体育館には近所の人が避難し始め、病院から多くの透析患者も移されてきた。〈顔を拭くタオルに雪を集めけり〉。照井ら教師は生徒たちと食料の配布やそうじをした。

数日後、一人に一枚毛布が行き渡る。毛布をかぶると、一人になれた。夜、押し殺したような泣き声が幾つも響く。〈毛布被《かぶ》り孤島となりて泣きにけり〉。泣いている人たちに代わって詠んだ。

両親を亡くした生徒が四人、父か母を失った生徒が一六人。親戚や知人まで入れれば、ほとんどの生徒や教師が親しい人を亡くした。〈寒昴《かんすばる》たれも誰かのただひとり〉

三日目の朝、釜石港近くの自宅アパートを目指した。照井の部屋は二階。流されずにすんだが、中はめちゃめちゃだった。電気や水が復旧するまでの約一カ月を避難所で暮らした。物を取りに通う道すがら、何度も惨状を目の当たりにした。

泥だらけのピアノ、ひな人形、側溝やがれきの中の亡きがら……。〈泥の底繭《まゆ》のごとくに嬰《やや》と母〉〈双子なら同じ死顔《しにがお》桃の花〉。「この世に神はいないのか」とつぶやく。〈三・一一神はゐないかとても小さい〉

「どうにか正気を保っていられたのは俳句があったから」と照井。「つらくて詠めないという人もいたようですが、私は俳句を詠むしかなかった。まるでイタコのように、誰かに成り代わって詠むこともあった」

異境

一九六二年、岩手県花巻市生まれ。岩手大を卒業し、八六年春、高校の国語の教師に。赴任した二

静かに揺れる海の前に立ち「震災で、私たち人間も自然の一部なのだと思い知った」と話す照井翠。

戸市の福岡高校は俳句が盛んで、教師の句会に引きずり込まれた。俳句との出合いだ。

九〇年、加藤楸邨《かとうしゅうそん》（一九〇五～九三年）が率いる俳誌「寒雷《かんらい》」に入会。最晩年の楸邨に「高校の教師をしております」とあいさつすると「私も教師でした。同じ職業ですね」。少年時代、岩手県一関市に住んでいた楸邨は、みちのくびいき。東北の句会には好んで出席した。青森・奥入瀬《おいらせ》の句会などで親しく話す機会があった。

楸邨は戦後、シルクロードを旅しながら句を作った。日本の四季を基にした季語を使う俳句を、異国でどう詠むのか。その試みに注目した照井も海外詠《えい》に挑んできた。「その経験があったから震災が詠めたのかもしれない。震災直後の釜石は、まるで異境だったから」

震災詠を集めて二〇一三年に出版した句集『龍宮《りゅうぐう》』は、俳句の世界を超えて反響を呼んだ。「つらい経験を思い出して、途中でページをめくれなくなった」。被災者の声が次々に届く。胸をえぐられる句は、人によって違うようだった。〈春昼《しゅんちゅう》の冷蔵庫より黒き汁〉という照井の句を読み、楸邨の〈凩《こがらし》や焦土の金庫吹き鳴らす〉に似ていると指摘した先輩がいた。廃墟の中の冷蔵庫と金庫。どちらの句にも無機質な寂寥《せきりょう》感が漂う。

龍宮

〈火の奥に牡丹《ぼたん》崩るるさまを見つ〉。空襲で家を焼かれた楸邨の句だ。「戦争の本質、人間の実存を詠んでいる。私は先生と違って平凡な俳句人生を送るとばかり思っていたけれど、震災に遭遇してしまった。先生が戦争に対峙《たいじ》した真剣さで、震災に向き合いたい」

照井とともに、釜石市鵜住居《うのすまい》町に向かった。津波で廃墟と化した場所だが、いまはがれきも片付けられ、雑草が茂る。枯れ果てた花束が三つ、地面で風に鳴っている。骨組みだけになったコンビニエンスストアが無残だ。ＪＲ山田線の鵜住居駅跡には、黄色の点字ブロックがわずかに残る。

「立派な家が多い地区でした。逃げてきた住民二〇〇人以上が犠牲になった防災センターはここにあった」。照井が声を詰まらせる。〈喪へばうしなふほどに降る雪よ〉。ここで生まれた句だ。

すぐ近くの根浜海岸に行き、海を見た。「亡くなった人たちは『龍宮』のような場所でいまも暮らしている。突然大事な人を失った気持ちは、そんなふうに解釈するしかないと思った」。照井が句集の題の意味を語る。

〈いま母は龍宮城の白芙蓉《ふよう》〉。あの日荒れた海が、静かに揺れている。

●記者ノート●

無事であること

一一月のある週末、岩手県釜石市で句会が開かれた。照井翠《てるいみどり》が指導する「まゆみの会」。この日、支持を集めたのは〈飼ひ猫も野良猫もゐて日向ぼこ〉といった日常を詠んだ句。「震災後、無事であることの有り難さが身にしみる」と一人が言い、皆がうなずく。冗談も飛び交い、笑い声が響く。

これまでに詠んだ震災俳句を挙げてもらった。〈海恐れ海を恋ひたる春の夢　平野敦子《ひらのあつこ》〉〈海を捨て移り住む村稲の波　栗村千鶴子《くりむらちづこ》〉〈顔見たし声聞きたしと星祭　紺野《こんの》きぬえ〉。胸に迫る句ばかりだ。照井は地元のこの会を大切にしている。「震災で傷ついた者同士、気持ちが通じ合う。いつも励まされています」

二〇一四年一一月二九日配信

第5章　治す　心と体

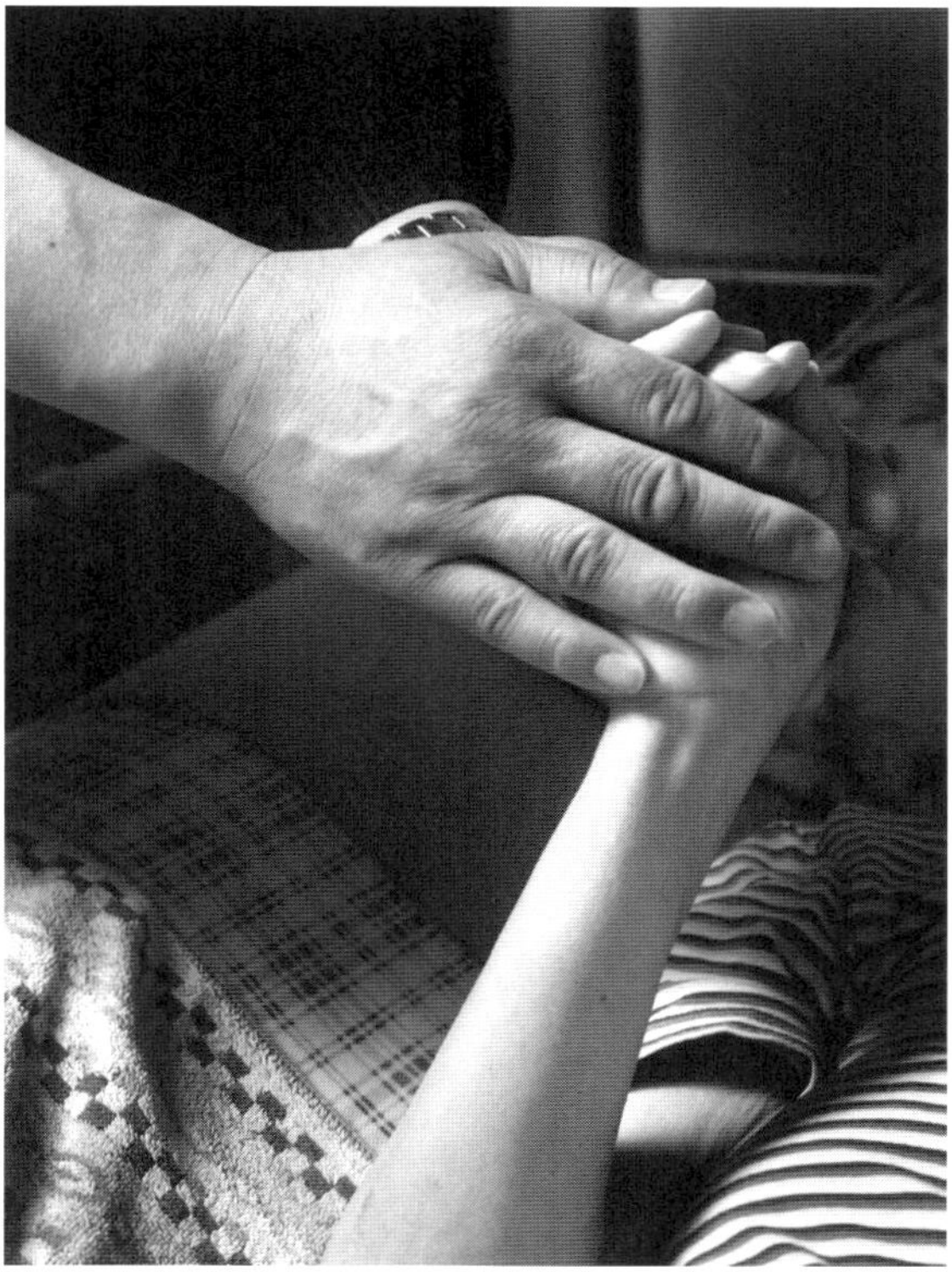

◆岐路から未来へ◆

文・長沢克治
写真・堀　誠

日系二世小児科医

惨禍見詰め、治療へ道筋――受け継ぐ先駆者の心

メキシコ湾に近い米テキサス州ヒューストン。都心の南側に、テキサス医療センターの建物群が広がる。病院、大学など五四の機関が集まる世界最大級の医療拠点だ。中核病院のテキサス大ＭＤアンダーソンがんセンターで、ある日系米国人の名が語り継がれている。

一九八一年に六九歳で亡くなった日系二世の小児科医ワタル・ウォルター・ストウ。小柄で物静かな紳士だった。

尊敬

「不治」とされた白血病、骨肉腫など子どものがんを抗がん剤で治す道を開き、数多くの日本人若手医師を指導した。一方、広島、長崎、マーシャル諸島で核兵器の放射線が子どもたちの健康に及ぼす影響を調べた。

癒やしの人、そして冷徹な観察者――。戦争と核の時代を駆け抜けたストウの人間像は、陰影に富んでいる。

MDアンダーソン小児科は九年前に「子どものがん病院」と改称した。院長室の窓辺には、巻き貝のイラストが飾られている。貝収集を趣味としたストウゆかりの品だ。

「彼はまさにパイオニア。複数の抗がん剤を組み合わせ、子どもたちを治療した」

骨肉腫治療が専門の女性教授で院長のユージニー・クライナーマンは、尊敬の念を込める。

五〇年代後半に共同研究グループを発足させた功績も大きいという。「小児がんは症例が少なく、治療法が有効かどうか確かめるには、多くの病院が互いに協力する必要があるからです」

ストウらの試みは、全米六五〇を超える医療機関が参加するがん臨床研究グループ「SWOG」などに発展している。

広島

ストウは一九一二年、カリフォルニア州グアダルーペで生まれた。日本人による野菜栽培で栄えた農村だ。両親は福島県伊達郡大田村（現伊達市）出身。移民の背景には相次ぐ水害や冷害、戦費調達のための増税があった。

元隣人で一三歳下の二世、サム・マエナガ（八八）は「お父さんが早く亡くなり、お母さんは英語を話せず、納豆をつくっていた」と話す。野球と手品がうまく、名門スタンフォード大に進んだストウが、まぶしく見えた。

ストウは野菜出荷の仕事で生活費と学費を稼ぎながら卒業し、医学部に進んだ。しかし、日米開戦に伴う強制立ち退きでユタ州への移住を余儀なくされ、学業を中断。医師になったのは終戦の年、三三歳だった。

大きな転機が訪れる。原爆を投下した米国が広島、長崎に設置した原爆傷害調査委員会（ABCC）。その小児科責任者として、日本語ができるストウに白羽の矢が立ったのだ。

四八年から五四年まで、一年の中断を挟んで広島に二度勤務した。被爆した子どもの成長や発達を調べる一方、広島市内の主要病院の小児科医と一緒に医学文献を読む勉強会を開き、交流を深めた。

当時、県立広島病院小児科部長だった元マツダ病院長の井田憲明《いだのりあき》（九三）は「ABCCの図書館には、東京にもない欧米の文献がそろい、医者のレベルアップに役立った」と回想する。メンバーには原爆で瀕死《ひんし》の傷を負った医師もいた。きのこ雲の下に広がった人間の悲惨をストウは理解していたと、井田は考える。

五三年九月、ストウらの検診で九歳男児が白血病と分かり、県立広島病院に入院した。男児は爆心地近くの乳母車の中で被爆していた。

ストウらは新薬「アミノプテリン」を井田に提供する。小児白血病の症状を軽くしたと、米ハーバード大の医師シドニー・ファーバーが初めて報告した薬だが、男児は五カ月後に亡くなった。

ストウはまもなくABCCを離れ、MDアンダーソン病院（現がんセンター）に移り、臨床医として小児がんとの長い闘いを始めた。

「医師としての熱意は最高潮に達したに違いない」――。当時の心境は、ストウの死後見つかった自伝的メモに短くつづられている。

使命

井田はストウのもとで学ぶ最初の留学生となった。その後、多くの日本人医師がＭＤアンダーソンで働き、「トータルケア」を日本へ伝えた。

トータルケアとは、治療に抗がん剤、外科手術、放射線を駆使し、診断から家族の支援まで医師、看護師、ソーシャルワーカーなど病院の全職種が協力して患者を世話する——という考え方だ。

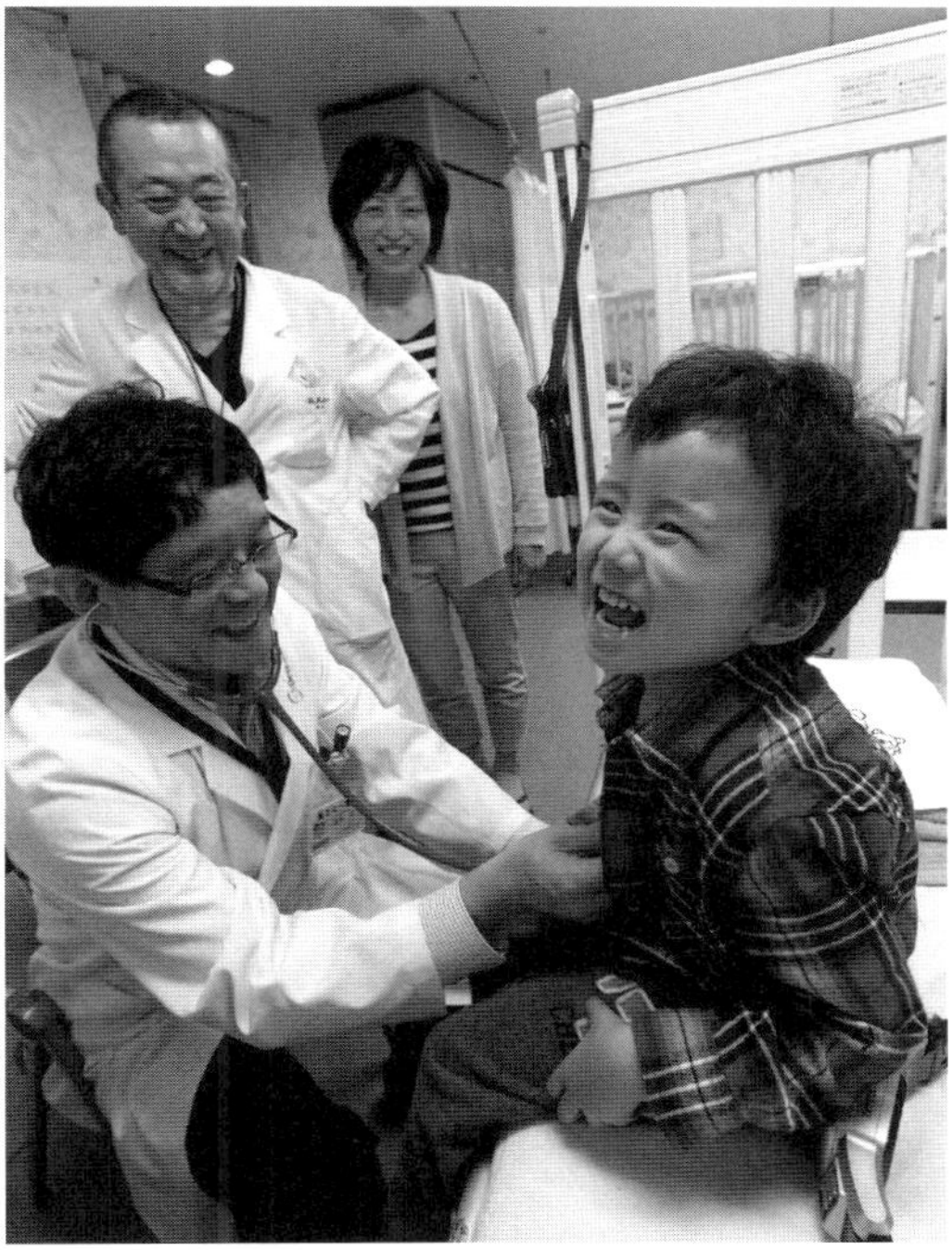

入院中の子どもの診察をする真部淳（左）と細谷亮太。

「子どものがんは大人と異なり、化学療法の登場まで治せなかった。そこからトータルなケアが進んだ」と聖路加国際病院の小児科医、細谷亮太《ほそやりょうた》（六六）は解説する。細谷はストウ最後の弟子だ。

日本で今、がんと診断される

子どもは年間約三千人。七、八割が治るようになった。
「患者にどうしてあげるのが一番良いのか、ファーバー、ストウの時代から小児科医は間断なく考えてきた」。その使命は次の世代も変わらない。

●記者ノート●

小児科医の仕事

ストウは経済的な困難、差別を乗り越えて小児科医となり、子どものがん治療と放射線被ばく影響の解明に半生をかけた。いずれも、東日本大震災を経験した私たちにとって大切な課題だ。

小児科医の仕事は幅広い。「患者さんの体全体を診療し、心や社会的成長、勉学のことまで考える」と聖路加国際病院小児科医長の真部《まなべ》淳《あつし》（五三）。ただ専門医らスタッフ養成の仕組みは米国に比べ立ち遅れている。

聖路加で若い医師に「ストウさんを知っていますか」と聞くと、「はい」と答えが返ってきた。ストウらが六〇年前に紡ぎ始めた「小児腫瘍学」の物語に、新たなページが開かれるのを実感した。

二〇一四年四月五日配信

◆岐路から未来へ◆

障害者スポーツ

ありのままを伝えたい——義足女性ランナーの挑戦

文　・原田　寛
写真・萩原達也

七月五日、関東身体障害者陸上選手権が町田市で開かれた。女子一〇〇メートルのＴ42（片大腿《だいたい》切断）クラスは大西瞳《おおにしひとみ》（三七）が優勝。自分の持つ日本記録（一七秒四一）には及ばなかったが、六人もの走者がスタートラインに立ったことを喜んだ。

同じ義足でも下腿《かたい》切断に比べて、人工の膝で走る大腿切断は難易度が高い。大西が競技会に出始めた一〇年ほど前、Ｔ42に参加する選手はほとんどいなかった。一四九センチの小柄な義足ランナーの挑戦が仲間を増やした。

大西は東京都目黒区役所で働く公務員だ。二年前からＮＨＫ・Ｅテレで障害者のバラエティー番組「バリバラ」の司会を務め、義足を露出する。「ありのまま」でいたいからだ。「脚を切断したら、どうなるだろう。知らないから怖い。私を見れば安心できる。義足になっても、できることはたくさんあるんだよって伝えたい」

人生の出会い

二〇〇〇年、心筋炎で一カ月間、集中治療室（ＩＣＵ）にいた。何度か危篤に陥り、家族が呼ばれた。カテーテル（細い管）を入れる治療がうまくいかず、右脚が壊死《えし》。「周りはよく復活してきた、脚だけで済んでよかったね、という感じだった」。ためらいはなかった。「切るしかない」と決めた。

心臓のペースメーカーを入れ、元気になっていった。最初に作った義足が合わず、鉄道弘済会の東京身体障害者福祉センター（現義肢装具サポートセンター）で相談したのが義肢装具士の臼井二美男《うすいふみお》（五八）だった。「あの出会いがなかったら、私はない」と言い切る。

臼井は一九九一年に切断障害者の陸上クラブ「ヘルスエンジェルス」を立ち上げた。「大腿切断の人を走らせる」ことが研究テーマで、クラブ設立の理由だった。〇一年、練習会を見学した大西は、股関節から脚を失った女性が走るのを見て驚いた。「私も走ってみたい。私にだってできる」。一歩を踏み出した。

臼井はスポーツを続けるためにも、経済的な自立を勧めた。大西は障害者の職業訓練校に通った。〇三年から目黒区役所に勤務。障害福祉課のケースワーカーも担当した。

本物を体験

病気になる前はよく南の海でダイビングをした。ハイビスカス柄の生地を臼井の元に持ち込み、断端を包み込むソケットの外面を加工してもらった。「ミニスカートをはく」夢もかなった。膝小僧ま

関東身体障害者陸上選手権の女子100メートルT42クラスに出場した大西瞳（左から２人目）

で左脚とそっくりな「リアルコスメティック義足」で街を歩いた。

陸上を始めて断端が太くなり、この義足をはけなくなったが、もう必要なかった。「アスリート」としての生きがいを見つけたからだ。

一〇年にアジア・パラリンピック（中国）代表に選ばれながら、ペースメーカーが問題視され、派遣を取り消された。「心臓の主治医が大丈夫だと言っているのに、なぜ……」。一一年に車いす・切断競技者の国際組織、ＩＷＡＳ主催の世界大会（アラブ首長国連邦）に初めて出場し、一〇〇メートルで二位。懸念を払拭《ふっしょく》した。

一二年ロンドン・パラリンピックは補欠。出場を逃して現地で応援し、満員のスタジアムに驚いた。「本物のお客さんだった。見どころを知っていて、ルールを知っていて、選手を知っている」

昨年は国際陸上大会のゴールデンガラ（ロー

マ）に招待された。男子一〇〇メートルにはウサイン・ボルト（ジャマイカ）が出場。T42の世界女王がイタリア人であることから、女子一〇〇メートルの義足レースも実施された。ゴール後、大西は子どもたちにサインをせがまれた。健常者、障害者の区別はない。「日本では考えられない」体験だった。

情報と環境

一六年リオデジャネイロ・パラリンピック出場が目標だ。二〇年には東京でパラリンピックが開かれる。欧州と日本の違いを見るにつけ「本当に東京に決まってよかったのかな」と心配にもなる。

障害者がスポーツをするための「情報と環境」が絶対的に足りない。大西は「ヘルスエンジェルス」でスポーツ以外の悩みも打ち明け、義足で生きるための知恵を蓄えてきた。日本ではまれなケースだ。

生活用義足には公的な支援があるが、スポーツ用義足にはない。大腿切断の陸上競技用は五〇万、六〇万円とかかる。走り方を教える人、練習施設、医療的サポート……。個人で気軽にスポーツを楽しむ環境が日本にはない。

パラリンピック選手へのアンケートで、活動費の自己負担は平均で年間一四〇万円超と報告された。強化指定を受ける大西も、自己負担をして海外大会に参加している。

東京大会まで六年。時間は多くない。「このチャンスをうまく使わなかったら、未来はない」。今以上に自分に何ができるか、模索する。

●記者ノート●
うそはない

今年五月、パラリンピック選手から会社員まで、義足で生活する一一人の女性をモデルにした写真集『切断ヴィーナス』（撮影・越智貴雄）が出版された。臼井二美男が全ての義足を手掛けた。大西瞳もモデルで登場。ハイビスカス柄のソケットの義足で海に潜った。ペースメーカーを付けている。心配になるが「素潜りだったので、意外に大丈夫でした」と、いたずらっぽく笑った。写真集のタイトルも臼井が決めた。「ちょっと不謹慎で挑戦的な感じ。それを狙った」という。「全員が苦難の道を歩んできた。その事実の上で、自分がやりたかったイメージを写真にしている。だから、うそはない」

二〇一四年七月二六日配信

◆岐路から未来へ◆

精神医療

苦しみ乗り越え、病と和解――努力の結晶、母の句集

文・佐々木　央
写真・有吉叔裕

芙蓉《ふよう》の花が咲き乱れていた。建物は柔らかな円屋根に淡い色の壁、空に溶け込もうとしているようだ。児童精神科医の夏苅郁子《なつかりいくこ》（六〇）が、同じ精神科医の夫と開業した静岡県焼津市の「やきつべの径《みち》診療所」は穏やかな空気をまとう。

開院前、入院設備のある精神科診療所の計画には強い反対があった。夏苅は住民の誤解を解こうと説明を重ねながら、葛藤も感じた。それを乗り越えて歩み始めたのは五年前のことだ。

異変

父はサラリーマン、母は看護師で父の会社の医務室に勤めていた。結婚して夏苅が生まれるが、家庭不和となり、父は帰宅しなくなる。母が売血して生活費に充てることさえあった。

九歳のとき母に異変が起きる。夜眠らない。いきなり怒り出す。掃除はせず、献立は毎日同じ。睡

「やきつべの径診療所」の前で「マイナスの思い出も大切にしながら、母や父の人生を、自分の人生を認めようと思っています」と話す夏刈郁子。

眠薬を大量服用して倒れた。五年後、幻覚や妄想が出た。父に手を縛られて病院に行き強制入院、統合失調症だった。

中三の春、父の転勤で熊本市へ。制服は買えず母の手作りだったが、病み上がりでは満足な服はできない。よそ者でみすぼらしい身なり、それなのに成績は良かったから、ひどいいじめに遭った。踊り場から突き落とされ、下着が丸見えになったこともあった。屈辱だった。

五年後、母の病状が悪化した。父は離婚を決め、母を実家に帰す。夏苅は猛勉強して浜松医大に入学した。「高い志からではなく、親と世間への恨みを晴らすためだった」

自分には取りえがない、何かが欠けているという意識にさいなまれた。飲めない酒を飲み、たばこを吸い、リストカットや拒食・過食を繰り返す。

講義で統合失調症を学んだ。慢性の経過をとることや遺伝の知識を得て、恐れ絶望した。母には会わないと決め、発症の危険から目を背けた。母の連絡を避けて、アパートを何度も引っ越した。

学部五年のとき自殺未遂。そのときの主治医の誘いで卒業後、精神科の医局に入局する。だが入局二年目で再び自殺未遂を起こす。きっかけは電気けいれん療法だった。

日本の精神医療の近代化は遅れ、座敷牢《ろう》に閉じ込める私宅監置が長く続いた。私宅監置を禁じる精神衛生法制定は一九五〇年。精神科病院に補助金が出るようになり五〇年の約二万床が七〇年に二五万床、夏苅が医大に入った七五年に二八万床に。「施設から地域へ」という海外の流れとは逆行し、隔離収容が主流となった。

夏苅は医局入局後、民間病院で当直医を務める。電気けいれん療法は当時、患者を押さえつけて通電した。指示通り「何も考えず淡々と行った」が心がむしばまれ、自殺を図るまで追い込まれた。

そのころ患者を虐待死させた宇都宮病院事件が明るみに出て、精神医学界を揺るがす。だが現場の改革は進まなかった。

外へ

夏苅の回復には、人との出会いと助けがあった。母との断絶から一〇年、友人の強い勧めで母と再会する。体操教室で知り合った在日韓国人二世の女性は寂しさを共有し、自棄的な生活から救い出してくれた。三四歳で結婚、夫は母のことを何も聞かず共に歩んでくれた。

昔ながらの精神科病院に限界を感じ「やきつべの径」を開いたのは二〇〇〇年。住民の反対は精神疾患への偏見のためだった。夏苅は憤るが、母の病気は隠し続ける。矛盾を解決できないまま日々の診療を続けた。

漫画家の中村ユキ（四二）との出会いは〇九年。中村は前年出版の『わが家の母はビョーキです』で、統合失調症の母との日々を描いた。初対面で中村と六時間語り合う。封印してきた感情が一つひとつ整理されていった。語ることが精神療法の原点だと身をもって感じる。そして自らも経験を発信しようと決意する。

一一年、学会誌に中村と自分のケースを分析した論文を投稿した。多くのデータを集めるのが主流の学会で、わずか二例の研究が掲載されるはずがない。そう思い込んでいたが論文は審査を通る。公表して夏苅は「診察室の外へ出た」。各地の家族会を訪ね、患者・家族の過酷な状況と彼らの強さを知った。今、社会に向け、若い医師に向けて、患者・家族への理解を求め「より良き医療を」と訴え続けている。

回復

再会後の母は穏やかな日々を過ごし、〇六年に亡くなった。遺品を整理していると五冊の句集が出てきた。死の少し前から集中的に句作し、出版していたのだ。〈鬼女遠眼世の末見ゆる冬の百舌《もず》〉（句集「鬼女の部屋」）

「初め、母の句は病人が書いた意味がないものだと思っていた。でも常人とは全く違った発想や見方があったんだと気付いた。症状を抱えながらも母は努力して生き、母なりの回復を果たした。句集は努力の結晶です。私も母のように努力して生きていきたい」
夏苅は母と和解した。それは病との和解でもあった。

●記者ノート●

静かな希望

医師になってしばらくして、夏苅は精神科医の柏木哲夫に、彼が運営する淀川キリスト教病院のホスピスを見学させてほしいと手紙を書く。

訪れると、そこは悲哀や苦しみが漂っているところではなく「静かな希望」さえ感じられる場所だった。一回だけのつもりだったが、結局三年間、毎月通い、柏木から医師としての姿勢や死と向き合う態度を学ぶ。柏木は、当時はやっていた「あなた作る人、私食べる人」というコマーシャルを言い換えて「『あなた死ぬ人、私生きる人』でなくて『あなた死ぬ人、私もいつか死ぬ人』という覚悟を持って患者さんの枕元に立ちなさい」と夏苅を諭した。

二〇一四年八月三〇日配信

◆岐路から未来へ◆

福祉と仏教

僧侶は苦の現場に――新たな姿を求めて

文・西出勇志
写真・堀　誠

「寝ている間に仏さんに迎えに来てもらう。それで、あんたにおまいりしてもらえたら、ええな」。九〇歳を超えた女性の言葉に、真宗大谷派僧侶の三浦紀夫《みうらのりお》（四九）は大きくうなずいた。「うれしいなあ。わが人生に悔いなしや」。年齢を感じさせない張りのある声が響くと、三浦は間髪入れず言う。「一五〇歳まで生きたら、もっと若いお坊さんに頼まんと、いかんね」。大阪人同士らしい軽妙なやりとり。部屋が笑い声で満ちた。

三浦が事務局長で理事も務めるＮＰＯ法人「ビハーラ21」が運営している大阪市平野区の高齢者施設。「ビハーラ21」は、生老病死の「苦」に寄り添うという理念の下、僧侶や介護スタッフら医療福祉の専門家が連携しながら、高齢者や障害者向け施設の運営、独居高齢者支援の事業を進めている。

ビハーラはサンスクリット語で「僧院」「休息の場所」の意味だが、近年は終末期を中心とした医療や福祉における仏教者のケアを指すことが多い。ビハーラ僧と呼ばれる三浦は寺の出身ではない。

入所している90歳を超えた女性と話す三浦紀夫。笑い声が絶えない。

かつては猛烈サラリーマンだった。

バブル期

大阪府貝塚市のサラリーマン家庭に生まれた。豊かな家ではなく、中学、高校の時に思ったのは「世の中、金がなかったらあかん」。一九八五年、大学に進学したものの、時代はバブルが始まる時期。「学校へ行っている場合やない、と思いました。働いたら金になる、って」

アルバイトに精を出して大学を中退、建築資材メーカーに就職し実力主義の社長に認められて秘書役に。華やかな接待に同席し、社長の名代として冠婚葬祭の場にも出向いた。

猛烈に働いて取締役に抜てきされたが、社長の死去を機に一九九七年に退職、企業の顧問などを務めるコンサルタントへと転身した。仕事は順調で高収入を得る。そんなある日、大阪市内の有名百貨店が新事業として仏事相談コーナーを開設することを知り、強い関心を抱いた。

数多くの葬儀に参列した経験を持つのに、九五年に自らの父親を送った際、会葬者への対応が十分ではなかったとの心残りがあった。勉強のつもりで講習会に出掛け、相談担当者として働き始める。顧客サービスの改善を求めていろいろ意見を言うと、百貨店側から現場責任者になるよう依頼された。以後、仏事相談が三浦の主な仕事となる。〇一年のことだった。

悩み相談

デパートの一角にある相談コーナーに座って驚いたのは、香典返しなどの相談そっちのけで亡き人への思いを吐露する客が多かったことだ。

「家で息を引き取りたがっていたのに、かなえてあげられなかった」「母の魂はどこへ？」。時間を気にせず、じっくり話を聞いた後、相手を思いやる言葉を掛けると、「ここへ来てよかった」と涙を流す人も。

「なんなんやろ、これは」。華やかな百貨店の片隅で、静かに語られる近しい人々の死にまつわる嘆きや悲しみ、悔恨。小さな子どもを亡くした人に仏壇を世話し、こんなつぶやきも聞いた。「〇〇ちゃんのおうちができたよ。ずっと一緒だね」。今も忘れられない。

死は誰にでも訪れる。金は大事だが、金だけじゃ駄目だと身に染みた。「イケイケ猛烈サラリーマンの反動が来ました」。三浦の相談は評判を呼んだ。悲嘆の場に身を置くうち、三浦の中で疑問が膨らむ。お坊さんは一体、何をしているのだろう。

生活全般

客に聞くと「お坊さんにそんなこと、言えません」。三浦は目についたお寺に次々と飛び込み、僧侶の役割を問うた。いくつもの寺を回った後、「君がそう思うのならば、自分が見本になったらどうか」と返答した住職に出会う。これが縁で三浦は僧侶になった。

「ビハーラ21」で主に心のケアを担うが、まずは安心して暮らせるよう、生活全般の支援をする。大切なのは「自分らしく生きられること」。そして、死期が迫った人の手を握り、体をさする。頼まれれば、葬儀も執り行う。専門職と連携しながら、その全てに関わるのが僧侶の役割だ、と三浦は考える。

通夜の席で亡くなった人についての話をする。みんなが真剣に聞き、問う。「わしが死んだとき、なんの話するの？」「そのときに考えるわ。間違ったことを言うたら、その場で突っ込んでくれてもええで」。みとりの場は意外に明るく、専門の介護スタッフへの感謝の気持ちが表情に出るという。

自らを振り返り「自分の人生はこれじゃないな、と思う人が来てくれるといい」と話す。「福祉の現場に僧侶がいる」。それが日常の風景になることが三浦の願いだ。

●記者ノート●

期待

人々の悲しみにいかに寄り添うか。東日本大震災以降、このことに心を砕く僧侶に被災地で数多く出会った。生老病死のさまざまな場面で活動する若手僧侶の動きも目立つ。日本の仏教界は変化のときを迎えている。

檀家《だんか》制度の揺らぎ、火葬だけで済ませる直葬の増加。寺院を取り巻く環境は厳しい。その危機意識も踏まえ、社会活動の幅が広がっている。

震災を機に、布教を目的とせず公共空間で活動する「臨床宗教師」も東北大などで養成されている。三浦はプログラムを支援、志ある宗教者に実践の場を提供している。全国各地で現代の「苦」と向き合う僧侶の輪が広がることを期待したい。

二〇一四年九月一三日配信

◆岐路から未来へ◆

臨床研究

純粋な疑問を持っているか――胃がんの正体に迫る

文　・辻村達哉
写真・牧野俊樹

外はもう暗く、外来のざわめきも消えた。診療が終わり、緊張が解けた内視鏡室で上村直実《うえむらなおみ》（六二）は若い医師や看護師に人懐っこく語り掛ける。

上村は消化器内科医。千葉県市川市の国立国際医療研究センター国府台病院で二〇一〇年から院長を務め、たまになじみの患者を内視鏡で診る。

「僕の顔を見て安心して帰る方がいる。宗教みたいですけど、医療はそういう面があるんですよ」。根っからの臨床医。でもそれだけではない。臨床研究で世界の医療を変えたのだ。

診る目

北九州市出身の上村は広島大を出て瀬戸内海の小さな島の病院などで腕を磨いた。一九八九年に米国留学を終え、広島県呉市の呉共済病院で消化器科医長に着任。しばらくして古巣の広島大第一内科

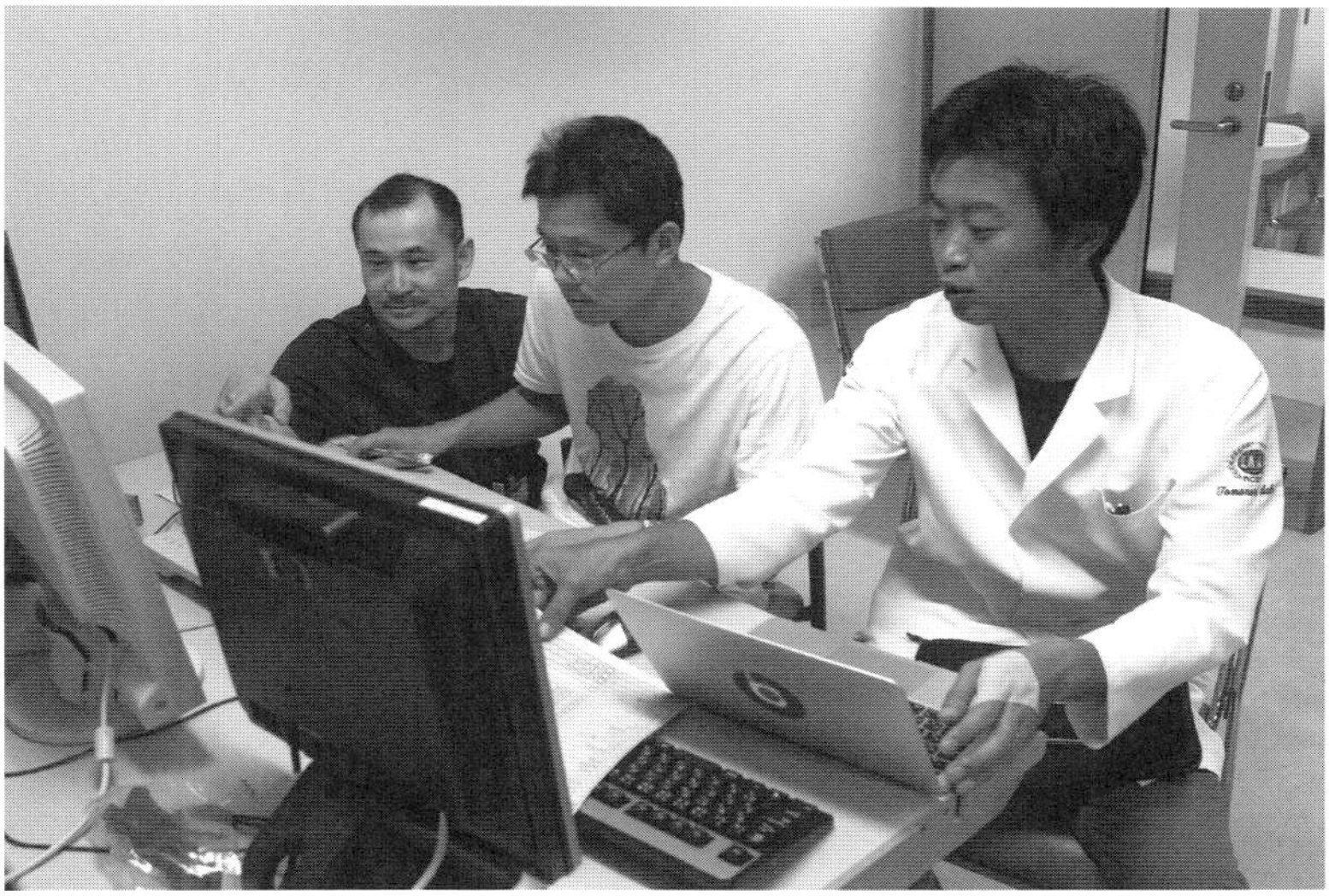

データを見ながら同僚や後輩と議論する永田直義（左端）。「『研究する心』が広がってほしい」

から箱詰めのピロリ菌検査キットが届いた。

ピロリ菌は無菌状態と考えられていた胃の中に住む不思議な細菌だ。八三年、オーストラリアの医師バリー・マーシャル（六三）とロビン・ウォーレン（七七）が発見した。

欧米では胃や十二指腸の潰瘍との関連が指摘されていたが、日本では菌の存在すら疑われていた。

検査キットはドイツ留学中の医師が第一内科に送ってきた。内視鏡で胃粘膜を採って検査するため、発症間もない患者が多数必要になる。治療の難しい患者しか来ない大学病院では無理だった。

第一内科の講師だった済生会広島病院院長、隅井浩治《すみいこうじ》（六七）は「検査は比較的簡単。だが病気の状態も調べないといけない。そこで上村先生に頼んだ」と語る。

隅井は上村の「患者を診る目」を買ってい

た。島の病院では潰瘍の患者の家族にも潰瘍が多いと突き止めたことがある。「先入観を持たず、素直な目で非常に細かく診る。疑問を持ったら解けるまでずっと調べ続ける」

衝撃

上村は不満だった。「胃潰瘍が感染症だなんて。こんなことやっても意味ない。忙しいのに」。隅井は研修医の岡本志朗《おかもとしろう》（五三）を支援に送り込んだ。岡本は今、呉共済病院の消化器内科部長だ。

さまざまな病気の人を手当たり次第に検査した。結果は慢性胃炎も胃潰瘍も、誰も彼も陽性……。後で分かるのだが、日本人はピロリ菌感染率が高く、高齢者では八割に上る。隅井が検査を頼んだ他の病院は「みんな陽性なので当てにならん」とやめてしまっていた。

上村は動じなかった。地道に症例を集めるうち、病気による感染率の差が浮かび上がってきた。胃粘膜が薄っぺらになる萎縮性胃炎が進むとピロリ菌は消える。胃がんは意外と陰性が多い。「第一内科では長年の研究で、萎縮性胃炎を胃がんに至る病変ととらえていた」と岡本は説明する。菌が胃粘膜に付くと慢性炎症が起き、萎縮性胃炎に。それが進むと菌が住みにくい粘膜になり、がんに至る――。そんな筋書きが見えてきたのだ。

では慢性胃炎の人の胃を抗生物質で除菌したらどうか。岡本は結果に衝撃を受けた。「これが同じ人の胃かと思うくらい、きれいになっていた」

忙しさ

胃がんに関わっていることの証拠は、日々の診療の中から見つかった。

上村は患者の早期胃がんを内視鏡で切除後「胃をきれいにすれば、再びがんが出たとき早く見つかるから」と除菌した。一方、同僚の向井俊一《むかいとしかず》（五八）は除菌しなかった。九五年一〇月、向井がその差に気付いた。一七三人を追跡すると、除菌しなかった人では六人が再び胃がんになったのに除菌した人ではゼロだった。

結果の概要を知ったマーシャルから電話があった。「これが正しければ、私はノーベル賞だ」

仕上げは患者約一五〇〇人を追跡した研究だ。上村は早期がん発見のため夜中や休日に内視鏡の所見などをパソコン入力し、患者のデータベースをこつこつ作っていた。

それを基にピロリ菌が胃がんのリスクを高めるとの結果を得て〇一年に発表。〇五年、マーシャルとウォーレンはノーベル医学生理学賞を受賞した。

除菌は早期がんや潰瘍の治療で常識となった。上村は振り返る。「どうすれば患者さんが今より良くなるのか。この治療は本当に正しいのか。臨床研究をするにはそういう純粋な疑問を持つことが大事だと思う」

東京・新宿の国立国際医療研究センター病院。午後九時すぎ、若い医師数人が消化器内科の会議室でデータ分析や議論を始めた。同科の医師、永田尚義《ながたなおよし》（三九）が指導する自主的な集まりだ。

永田は同病院の内視鏡部長だった上村の下で経験を積んだ。「患者さんからもらった疑問を考える。それを教えられた」

一二年以降に発表した英語の論文は約三〇本。夜と休日を研究、執筆に当てる。「忙しいから感じるものがあり、疑問が出てくる。忙しい人こそ臨床研究をやるべきです。でないと今問題になっていることを解明できない」

●記者ノート●

ちゃんと見つける

日本の臨床研究は危機的状況にある。製薬会社が立案から論文作成まで全てお膳立てする研究がまかり通り、データ改ざんの疑いも浮上し、社会の信頼を失いつつある。

再生の鍵は医師にある。製薬会社に頼らずにすむよう研究費を増やす、研究の基盤となる患者のデータベースをつくるといった方策も必要だ。

「現実には医者は大したことができなくて患者は自然に治る。ただ、ときどきポイントになることが見つかることがある。それをちゃんと見つけることが臨床研究ではないか」と隅井浩治は言う。

できることを少しでも広げたい。そう願って診療し研究する人たちを、温かく見守りたい。

二〇一四年一〇月四日配信

◆岐路から未来へ◆

介護の現場

高齢者も障害者も共に――垣根取り払いケア

文・横田敦史
写真・堀　誠

お年寄りの女性たち一〇人ほどが丸テーブルを囲み、周りで子どもたちが遊んでいる。富山市の住宅街にある一軒家。壁の少ない開放的なつくりの部屋に子どもの笑い声が響き、おばあちゃんたちが目を細めて見守る。本を開く女性に男の子が駆け寄り「何読んでるの」とのぞき込んだ。

デイケア施設「このゆびとーまれ」の午後。「テーブルにいるおばあちゃんたちは認知症で、子どもたちは親の仕事が終わるまでここにいます。高齢者と子ども、障害者と健常者を分ける必要なんかありません」。開設者の一人、惣万《そうまん》佳代子《かよこ》（六二）がそう説明する。

「子どもがいるだけで、おばあちゃんが笑う。騒ぎすぎれば叱る。ふだんの生活の場なんだから、それが当たり前です」

惣万らが「誰でも受け入れる」という理念の下に「このゆびとーまれ」の最初の施設をつくったのは一九九三年。障害児も高齢者も区別せず受け入れる介護施設は「富山型」と呼ばれ、今や全国で一四〇〇を超える。

幸せな最期を

富山市の富山赤十字病院で二〇年間、看護師として働いてきた惣万を介護の道に導いたのは、脳梗塞で入院していた高齢女性だった。

退院許可が出て自宅へ帰ることを望んだが、家族の都合で別の病院へ転院して行った。「何で家の畳の上で死なれんがけ」と嘆いていたのが気になり、転院先に様子を見に行くと「早う迎えに来てくだはれ」と拝んでいる。迎えを求める相手は家族ではなく天国だった。

「家に帰りたいお年寄りの願いをかなえ、幸せな最期を迎えさせてあげたい。仕事に追われて介護ができない家庭の支えにもなりたい」。惣万の思いに同僚二人も共鳴し、三人で介護施設を始めることを決めた。

市役所に相談に行くと「対象を高齢者か障害者、子どもに絞らないと補助金は出ない」と告げられた。病院では誰でも分け隔てなく看護してきたから、対象を絞れと言われても納得できなかった。「それなら補助金はいらない」。三人の退職金と借金で一軒家を建てた。

地域の拠点に

開所初日。三歳の脳性まひの男児を母親が預けに来た。夕方、迎えに来た母親の笑顔が忘れられない。子どもが生まれてから初めて、美容室に行ったという。短くなった髪にパーマがかかっていた。二五

子どもたちと話す惣万佳代子。子ども、お年寄り、障害者、健常者も一緒に過ごしている。

歳の母親にのし掛かるストレスを、少しでも軽くできた。施設の意味を実感した。

開所の翌年、日本は六五歳以上の高齢者が一四パーセントを超える「高齢社会」に突入した。働く女性が増えたこともあって、家庭が支えていた介護を、地域に移す方向に、国全体がかじを切り始める。

寝る間も惜しんで働いていた惣万らの活動にも九六年以降、県の補助金が出るようになった。県は九八年、高齢者と障害者を同時に預かる施設を補助の対象に加え「富山型デイサービス」として全国から注目を浴びる。

惣万らは九九年、ＮＰＯ法人格を取った。県庁で認定証交付式があったのは五月一二日。偶然にもナイチンゲールの誕生日にちなんだ「看護の日」だった。隣席の同僚に「ナイチンゲールもきっと天国で喜んでいる」とささやき、うなずき合った。

通所者の費用負担も減らすことができ、経営は安定した。職員を増やしてショートステイの施設も始めた。デイサービスでは夜の介護ができないため、通っていた認知症の女性が特別養護老人ホームに移っていったことがあったからだ。女性はここに残ることを望んでいた。「結局おばあちゃん一人も支え切れない」と職員が泣いた。その涙が惣万の背中を押した。

ニーズに応えようとするうち、障害者の就労支援を含め六つの事業を展開するようになった。「コンビニのように、ちょっと必要な時に近くにある、地域の拠点でありたい」。惣万の願いだ。

誰も排除せず

だが介護現場の未来には暗雲も漂う。特に人材不足は深刻で、一〇年後には担い手が一〇〇万人足りなくなるともいわれる。惣万は外国人登用の拡大を訴える。厚生労働省の推計では、国内の介護労働者は約一六八万人。うち経済連携協定などで来日し、現在も働く外国人は約二〇〇人だけだ。

一〇年ほど前まで、惣万は外国人の登用に反対だった。当時は人材不足が深刻ではなく「日本人の世話は日本人が責任を持つべきだ」と考えていたからだ。

しかし、就職説明会で席が半分も埋まらない状況に危機感が募った。施設が立派でも働く人がいなければ何もできない。今、外国人労働者はさまざまな分野で活躍している。介護現場も彼らに頼っていいのではないか。トラブルは現場で解決すれば良い。

このゆびとーまれには知的障害者も働く。「介護される側だけでなく、介護する側も、誰も排除せず、垣根を取り払ってやっていけるはずです」

●記者ノート●

家族との時間

「このゆびとーまれ」にずっと通っているという九〇代の女性から「今日うちに泊まらんけ」としきりに誘われた。子どもが独立して夫にも先立たれ、広い家を持て余しているのだという。「子どもは顔も見せに来んし」

寂しそうな言葉がまるで自分に向けられているようで、心苦しかった。前に帰省したのはいつだったろう。連絡もほとんどしていない。「電話だけでもすごく喜ぶよ」と言われ、親の気持ちがしみた。

通所している仲間でも、子どもと食事に行ったりした人は笑顔でその様子を話すのだそうだ。いくらサービスを充実させても、家族との時間が大切なことは変わらない。

二〇一四年一〇月一一日配信

◆岐路から未来へ◆

元受刑者

共に歩む更生の道——自らの罪、深く見詰め

文　・佐々木央
写真・有吉叔裕

出所して四日目、カプセルホテルで目覚めた。一〇年間の刑務作業で得た報奨金約二五万円の半分が消えていた。上京の新幹線代、悪化した腰痛の治療費、宿泊費、食費……。このままでは、また悪いことをしてしまう。公衆電話を探し、暗記していた番号にかける。

電話先はＮＰＯ法人「マザーハウス」。理事長の五十嵐弘志《いがらしひろし》（五〇）が出た。指定された待ち合わせ場所に急ぐ。

大野茂《おおのしげる》（仮名）は四九年の人生の半分近く、二三年間が刑務所だった。今度の出所の前に、マザーハウスのボランティアと文通していた無期刑の男性に「困ったらここに相談したらいい」と言われた。

出所後、行き場がなく、保護観察所や区役所を訪れたが、まともに取り合ってもらえなかった。

「これからどうするの」と五十嵐が問う。「この社会でやっていきたいです」と大野。「世間は厳しい。何か悪いことをすれば即、刑務所だよ」「もう戻りたくないです」。大野の目に力があった。「じゃあ、

サポートしましょう」。五十嵐はすぐに宿を確保、二日後には生活保護も申請した。

聖書

五十嵐は栃木県で生まれた。中二のとき両親が離婚。転校先でいじめられて不登校になり、不良グループに入る。高校は半年で中退、家出して仲間と遊んで暮らした。

一八歳のとき就職した。仕事は順調で結婚を考えた女性もいたが、女性の親に反対されて別れ、すさんだ。二五歳のとき、別の女性に「乱暴された」と告訴され、否認したが懲役四年を宣告される。

刑務所は犯罪者が共同生活する場だ。犯罪のプロたちがいて手口を教え合い、組員は〝使える人間〟をスカウトする。「まるで犯罪者の養成所だった」。五十嵐もその後、出所しては逮捕され、拘禁生活は約二〇年に及ぶ。

二〇〇二年、三度目の逮捕。ずっと連絡を取っていなかった母と妹を刑事が呼び出し、少年時代からの素行を告げて、母から「死んでほしい」という調書を取った。五十嵐は絶望し、怒り狂った。

留置場に三〇代の日系ブラジル人が入ってきた。金を貸した相手が返さないのでけんかになり、けがをさせたという。陽気で仲間思い、いつも神に祈っていた。「もし、右の手があなたをつまずかせるなら、切り取って捨ててしまいなさい」。聖書を引いて五十嵐を諭すこともあった。

拘置所に移されると、聖書が読みたくなった。借り出して何度も読む。マザー・テレサの本にも出会い感動した。ある日、聖書「使徒言行録」の一節「サウル、サウル、なぜ、わたしを迫害するのか」というキリストの言葉を読んでいたとき「弘志、弘志、なぜ、罪を犯すのか」という神の声が重なっ

五十嵐弘志（中央）を囲む神父の加藤英雄（左）と修道士のエルナンデス。２人から大きな影響を受けた。

た。号泣した。

神に祈り、自分が犯した罪を思いつく限り書きとめた。罪深さにがくぜんとする。はらわたをえぐられるようだった。キリスト者との文通や面会を重ね、生き直す決意を固めた。

刑が確定し、〇四年に収監。作業拒否で何度も昼夜間独居の懲罰を受けた。「更生の意志がない者とは一緒に作業したくない」と理由を述べた。一人で祈っている方が良かった。そんなとき、刑務官に言われた。「ここに高齢受刑者の介護をする施設ができる。〝キリストの愛〟をやってるんだったら、見せてみろ」

認知症やパーキンソン病の受刑者と同房で二四時間、介護するようになった。「初めは、しもの世話もできなかった。文通していた人から『親だと思いなさい』と言われ、できるようになった」

刑務所には幾つか更生プログラムがあったが、一方的な講義が多い上、受講者は希望ではなく、刑務所側が決めた。〇六年の受刑者処遇法施行で、面会や手紙の制限が緩和されたが、すぐ逆戻りした。医療も劣悪。ひどい頭痛を訴えた受刑者が放置され、三時間後にようやく救急搬送されたが、戻ってきたときは半身不随だった。

徹底した管理は、社会で生きられない人間をつくる。彼らを助けるのが自分の仕事だと思った。一一年末に出所。翌春、受刑者や出所者を支援するマザーハウスを設立した。

孤独

今秋、マザーハウスにたくさんのクリスマスカードが届いた。仙台市の児童養護施設の子どもたちが受刑者のために作ったカードだ。「一枚一枚見ていると涙が出る」と五十嵐。施設を運営するシスター（修道女）に五十嵐が頼み、交流が実現した。シスターは子どもたちに「あなたたちはまわりから、いろんなものを与えられてきた。今度は何かプレゼントをしよう」と話したという。

「刑務所で一番恐ろしいのは孤独です」。五十嵐の声に力がこもる。

「自分は社会から期待されていない、何の価値もないという思い。そこから脱出するには社会との関係、人との交流が必要です」。だから五十嵐は今日も、獄中に向けて手紙を書く。

●記者ノート●

助ける人

多くの事件を取材してきた。発生直後の現場、捜査、裁判の始まりから判決まで。だが取材はそこで終わった。刑務所での生活や出所後の人生については知らなかった。

「社会もメディアも、関心を持ち、現状を知ってほしい」と五十嵐弘志は訴える。刑務所が特殊なルールで運営され、受刑者を更生させるシステムには程遠いこと。社会は出所者に前科者のレッテルを貼って排除し、生き直しを拒んでいること。

「更生は自分自身に向き合うことから始まる。でもそれは苦しくつらい。逃げずにやり切るためには助けてくれる人が必要です」。五十嵐のマザーハウスが果たそうとしているのはその役割だ。

二〇一四年一二月二〇日配信

第６章　越える　国境と民族

◆岐路から未来へ◆

ベルリンの壁から震災へ

暗闇からの光、描き続ける——絵を通じ求める融和

文・佐々木央
写真・堀　誠

大津波がビニールハウスや家を押し流していく。翌日、原発が爆発した。三重県四日市市に住む画家、宮武貴久恵《みやたけきくえ》（五九）はテレビの前から離れられなかった。「信じ難い映像で完全にたたきのめされました。人間の力って、なんて小さいのか」

真っ暗な海辺の街が映し出された。そのとき、ふっと自分の絵のタイトル「暗闇からのパラダイス」を思い出した。この暗闇からの救済が「きっと来る」と信じたかった。

「暗闇からのパラダイス」は一九九〇年五月、ベルリンの壁に描いた。前年一一月、冷戦の象徴だったベルリンの壁が崩壊。東ドイツの厳しい体制下、壁の東側には絵も落書きもなかった。その空白に壁画を描くプロジェクトが始まり、二〇を超える国の一一八人が参加。唯一の日本人が宮武だった。

「厳しい仕事でした」。壁は高さ三・五メートルもあったが足場はなく、はしごに乗って描く。背後は車道、ひっきりなしに車が通るが、全体を見るために、車の間を縫って中央分離帯まで行かなければ

ならない。休む場所もなく、迎えの車が来る夕方まで描き続けた。

二週間かけて完成した絵はドイツ国旗の黒・赤・金を使い、中央に水色の円。周りにあふれるように花々がこぼれる。「どうまとめるかというとき水色の円が出てきた。それがどこから来たのか自分でも答えを探してきました」

宮武は当時、ニューヨークにいた。友達にはユダヤ人もドイツ人もいて、両者の関係は複雑だった。「絵を通じて対立をなくしたい。ドイツ統一も、東洋と西洋の融和も頭にあって、水色の円のイメージが出てきたんじゃないかと思います」

原風景

岡山県で生まれ、四歳で絵を学び始めた。二四歳のとき渡米、ニューヨークの有名美術学校で絵の勉強に明け暮れた。絵画とは何か。それを捉えたいと必死だった。

抽象画には手を出さないつもりだったが「熱き抽象」とも呼ばれる抽象表現主義の中心的存在、リチャード・プーセットダート（一九一六〜九二年）と出会い、運命が変わる。彼は精神性を大切にした。「もっと深さがほしい」「誰の言うことも聞かず、自分の心に聞きなさい」

宮武はニューヨークの自由と孤独の中で、人は黒い闇に押しつぶされそうになっても、前向きな心ではね返していけると感じた。それこそが命の輝きだと。それは幼い日を過ごした北海道旭川市の原風景とも重なった。ある日、暗い原生林の枝をはらい、くぐって進むと、大きな花畑に出た。花々の輝きに息をのんだ。

震災直後に描いた絵「不退転」（右）と製作中の絵の前に立つ宮武貴久恵。

そんな思いを表現した「滲《にじ》み出る光」は美術学校の永久コレクションに。ドイツでも認められて八八年にフランクフルトで個展を開き、それが壁画プロジェクトへの招待につながった。

冷戦の終結は希望の未来を予感させたが、裏切られた。民族や宗教、領土をめぐって世界中で戦乱や紛争が続く。九一年の湾岸戦争のとき、宮武は日記にこう書いた。

「私の気分は暗くて明るい絵が描けないかもしれない。しかし足もとのアネモネは鮮やかにつぼみを開き、花々は疲れを知らない。人類より先に地上に現れ、人類の滅亡後も植物は残るだろう。そう思うと私には、それらが最後のオアシスのように見えてくる」。常に光を見ようとしてきた。

九三年に帰国して結婚、義母の介護に追われながらも絵筆を持ち続けた。

二〇〇一年、米中枢同時テロが起きる。貿易センタービルは何度も訪れた所、ショックだった。

半年後、米国へ。「寛容で自由な国が疑心暗鬼になり、不安になっていた」。だが、それでも立ち直る。テロ一年後のイベント「ユニティキャンバス」には日本からただ一人、出品した。

不退転

震災後、アトリエにも入らない日が続いた。一緒に壁画を描いたドイツ人女性画家からメールが届いた。「大丈夫？　脱出するなら、こっちに来て」。不安でこわばっていた体が少し緩む。「大丈夫」と短く返信。折り返しメールが来た。「絵を描いてる？　あなたはとてもいいアーティストだし、絵を描くことは自分を解き放つことでもあるから、描くことを忘れないで」。涙がぽろぽろこぼれる。そして、キャンバスの前に立った。

宮武の絵は豊かな色彩と伸びやかな躍動感に満ちている。だが震災直後の絵は暗い。それでも上昇する意志を示そうとした。その絵のタイトルは「不退転」。

「ニューヨーク留学があって、ベルリンの壁画があって、最後に日本に戻って震災があって……。今ここにいるというのは、正しい場所に自分がいるという気がします」

三重県の自然を素材に大作を描く計画が進む。「そこにはセンペルセコイアという巨木が育っていて、とても大きな慈愛や温かさを感じる。絵のテーマは、天使の舞い降りる所。希望や豊かさ、人間の知恵を描きたい」

●記者ノート●

共存

壁の崩壊から二〇年の二〇〇九年、宮武は壁画修復のためにベルリンを再訪した。壁画は川沿いに移設されていた。後ろの砂場で子どもたちが遊んでいる。笑い声が聞こえ、心地よい風が渡る。この笑い声を守りたい。美しく穏やかなものを守りたい。痛切にそう思った。

最初に壁画を描いたときのプロジェクトのテーマは「世界の平和と統合」だったが、その後も世界は全く平和にならない。破壊されたがれきの前で子どもが泣き叫ぶ。

だが、みんなが平和に、お互いを尊重しながら生きていくことは可能なはずだ。希望に満ちた明るいものを届けたい。宮武は壁画に「ｃｏｅｘｉｓｔ（共存）」と書き加えた。

二〇一四年四月一二日配信

◆岐路から未来へ◆

世界遺産とともに

刻む再生への鼓動――〝内向き〟脱した若者たち

文　・遠藤一弥
写真・村山幸親

カンボジア北部、ダンレク山地の海抜約六〇〇メートルの断崖から世界遺産プレアビヒア遺跡が見下ろす。麓の村では、照り付ける日差しの中、子どもたちが慣れない手つきで写生をしていた。「変な顔だ！」「このほうがきれいだよ」。楽しそうな歓声が上がる。

子どもたちを指導していた日本人の女子学生が「ここでは美術の授業はなかったから、絵の具を混ぜて色を作ることがすごく新鮮だったようだ」。それは学生自身にとっても新鮮な驚きだった。滴る汗を拭いながらこう続けた。「実際に来てみなければ分からないことばかり。日本で何もしていなかった私ってなんだったんだろうと思う」

輝く目

この村で日本の学生グループが活動を始めて既に四年。春休み、夏休みを利用して年に二回、村を訪れ、子どもたちとの文化交流や植林、井戸掘りなどの活動を続ける。

きっかけをつくったのは日本大教授の壽福隆人《じゅふくたかと》（五九）だ。教育学を専門とする壽福は英ヨーク大に交換教授として滞在、社会科教育の一環として世界遺産や文化財の保護活動を研究し、アジアの世界遺産に興味を持った。

日本への帰途、初めてプレアビヒアを訪れ、帰国後の講義で自分が見た遺跡と周辺住民のことを学生に話した。

「カンボジアの子どもたちは貧乏で満足な教育も受けられない。でも、目がキラキラしている。壮大な遺跡と生き生きした子どものことを、死んだような目をしている学生たちに伝えたかった」

そんな思いに、〝死んだような〟学生が反応した。二〇一〇年八月の現地調査に学生が参加、翌一一年から始めた活動は今年三月で八回を数え、これまでに参加した学生は日大を中心に六大学、延べ一五〇人に上る。

プレアビヒア周辺はタイとの国境紛争で両軍が展開し、日本外務省は「渡航の是非を検討」すべき地域に指定。壽福は自身で何度も現地を歩き状況を確認した上で、学生には両親の承諾と本人の自己責任を求めた。

夢物語

「この素晴らしい遺跡を単なる観光地ではなく、カンボジアの復興、住民の生活改善に役立てられないだろうか」。森田徳忠《もりたのりただ》（七六）は考えた。

乾期の炎天下、遺跡に立ち、住民の生活改善に向けた構想を語る森田徳忠。

アジア開発銀行（ＡＤＢ）計画局長として一九八〇年代に「メコン川流域開発計画（ＧＭＳ）」を立案、実現にこぎ着けた立役者だ。

メコン川流域諸国を縦横に結ぶＧＭＳは、一五年に誕生する「ＡＳＥＡＮ共同体」の中核であり、最も成功した広域開発と評価される。

森田はＡＤＢを退職後もカンボジアやラオスの政府顧問として、途上国の発展に尽力。特に、長く戦火に見舞われ、疲弊したカンボジアのことは気になっていた。

「荒廃した国々を安定させ、住民が少しでも豊かな生活をできるようにするにはどうしたら良いのか」――。ユネスコは〇八年、プレアビヒア遺跡を世界遺産に登録。これが〝夢物語〟とされたＧＭＳを実現させた森田の思いに再び火を付け、友人たちとＮＰＯ「プレアビヒア日本協会（ＰＶＡＪ）」を設立した。

タイとの国境紛争で、国際機関や支援国が積極的な関与を控える中、唯一、地道な活動を続けて、カンボジア政府の全面的な信頼を獲得、一二ヘクタールの土地を提供された。小型水力や太陽電池を使った電力供給の準備が進む。有機野菜栽培や土壌改善などの専門家も加わり、本格的に動き始めた。

人材育成

趣旨に賛同した壽福や学生はＰＶＡＪに参加、現地での実動部隊として、子どもとの文化交流、植林、今後の計画策定に必要な住民生活実態調査などに取り組む。

学生の指導で始めた絵画教室は学校の授業に取り入れられ、「緑の基金」の協力を得た植林は三千本を超えた。

複数回の参加者も多い。「リピーターが四割というのは上々でしょ」と壽福。「赤痢にかかったときはつらかった」と笑いながら次もまた参加する学生、調査で「突然家に上がり込んで『今の生活に満足ですか』なんて尋ねていいのだろうか」と自問する学生もいる。

前回の活動で初めて井戸を掘った。今回の訪問で「五キロも歩いて水くみに行っていたのに便利になった」と、学校の帰りに水をペットボトルに詰める小学生がいることを知った学生の顔が輝く。

彼らに「内向きの若者」という言葉は無縁だ。

活動計画、格安航空券の手配はすべて学生がやる。クレヨンや絵の具、運動靴や帽子を提供してくれる企業も開拓した。壽福が助言はするが、基本は学生の手作りだ。

事前に綿密な打ち合わせをしても、現地では通用しないことも多い。慌て戸惑う学生を見ながら、壽福は「子どもに与える影響より、学生が受ける恩恵がはるかに大きい」としみじみ語る。
インドシナ戦争、内戦、国境紛争……。疲弊しきった国土と人々の再生は緒に就いたばかりだ。

●記者ノート●

天空に浮かぶ寺院遺跡

タイ国境に隣接するプレアビヒア遺跡はヒンズー教の山岳寺院で、アンコールワットを建立したクメール王朝が九世紀に創建した。眼下にはエメラルドグリーンの熱帯樹林が広がり、世界でもあまり類を見ない威容を誇るが、内戦時代はポル・ポト派の拠点でもあった。付近には宮崎駿監督のアニメ「天空の城ラピュタ」のモデルになったともいわれるベンメリア遺跡がある。長く戦火に踏みにじられた一帯はカンボジアでも最も貧しい地域の一つだが、子どもたちの表情は明るい。

二〇一四年四月一九日配信

◆岐路から未来へ◆

占領下の孤児たち

自分は何者なのか――重い問い抱え歩む

文と写真・中川千歳

「エリザベスという私の名前は、生まれたばかりのころに預けられたホームの名にちなんでいる。米国には他にも同じようなエリザベスがいるかもしれません」

米テキサス州に住むエリザベス・ケイ・ラフロア（六〇）はそう話し始めた。第二次大戦後、神奈川県大磯町に児童養護施設「エリザベス・サンダース・ホーム」が設立され、駐留米軍人と日本人女性の間に生まれた子たちを引き取った。ラフロアはそこで生後五カ月まで暮らし、養父母に引き取られた。

手元に占領下日本の街角の写真が残る。駐留米軍人だった養父が撮ったものだ。だが、ラフロアには日本の記憶はない。母は日本人で名前を「ニキ・トミ」といい、実父がおそらく白人であることしか知らない。

網棚の赤ん坊

ホームを開設したのは沢田美喜（一九〇一～八〇）。三菱財閥を興した岩崎弥太郎の孫だ。きっかけとなったのは終戦から二年後、一九四七年の出来事だった。

夜行列車に乗っていた沢田の頭上の網棚に、風呂敷包みが放置されていた。中には赤ん坊の遺体。しかも黒い肌の子どもだった。沢田は母親ではないかと疑われ、警察に罵倒される。

その後も公衆便所や駅の待合室に金髪や褐色の肌の赤ん坊の遺体が置き去りにされる事件が相次ぎ、沢田は決意する。「この子たちの母になろう」

四八年にホームを開設すると、予想した以上に多くの子どもがやって来た。沢田の著書『混血児の母――エリザベス・サンダース・ホーム』によると、母たちの多くは子どもの父親との結婚を望んだ。だが、父親は命令で帰国すると、その後は音信不通になってしまう。母親は家族から「家名を汚した」「日本を滅ぼした敵の子を産んで」と非難され、勘当されることさえあった。

沢田は著書でこう問い掛ける。彼女たちは「血を吐く思いで帰らぬ夫を求めている。負けた国の女たちはこういう運命を負わなければならない（中略）。そういって済まされる問題であろうか」

だが、日本社会の差別偏見は根深い。子どもたちと街を歩くと「黒ん坊」などと心ない言葉を浴びせられた。だからホームには学校まで設置した。差別や好奇の目にさらされずに子どもたちが学べるように。

米テキサス州で沢田美喜の写真を手にするエリザベス・ケイ・ラフロア（左）とミドリ・アッカー。

その後の人生

ラフロアの養父にすぐ帰国命令が出て一家は米国に戻る。ラフロアは以来、日本の土を踏んでいない。養父母の実子である姉と兄がいて、弟も生まれたが分け隔てなく育てられた。金髪のきょうだいたちとは見た目が違う。日本人の蔑称「ニップ」とからかわれたこともあったが気にしなかった。

「生みの母がどんな顔なんだろうと思うことはあります。でも何があったにせよ、私をホームに預けてくれたことに感謝している。できるなら、彼女のその後の人生は幸せだったのかどうか、聞いてみたい」

ラフロアには沢田の記憶はないが、その輪郭をはっきり覚えている入所者もいる。

テキサス州の元看護師ミドリ・アッカー（六六）によると、沢田は自分を「ママちゃま」と呼ばせた。「ママちゃまはとてもしつけに厳しかった」

アッカーは黒人の米軍人と日本人の母の間に生まれた。孤児ではなかったが、母の方針で小四から中三までエリザベス・サンダース・ホームで過ごした。「毎年夏、鳥取にある海辺の別荘に連れて行ってもらった。とても楽しかった」

出自を探す旅

ホームからは約五〇〇人が米国に養子に出されたとされる。

実の親はどんな人だったのか。自分は何者なのか。米カリフォルニア州の介護士の女性ジョニ・ホンダ（五四）は、それを知りたいと思い続けてきた。養母との関係が良くなかったせいかもしれない。「養母は子どもを持つべきではなかったと思う。私は生みの親を失い、養母の愛も得られなかった。裏切られたという思いが消えない」

七四年、ルーツを知りたくて訪日するが、手がかりは得られなかった。

資金提供者でホームの名前の由来ともなった英国人女性エリザベス・サンダースの親族ジリアン・クック（六七）は今夏、ホームの〝卒業生〟たちに呼び掛け、カリフォルニア州サンディエゴで同窓会を開いた。都合がつかず参加できなかった人も多かったが、ネットなどで連絡を取り合い、つながりが広がっている。

「ホームから巣立った人の多くは、自分が何者なのかといった重い問いを抱え、今も答えを探している」とクック。「大変だったあの時代、戦争が生みだした子どもたちの存在が忘れ去られてはならない」

悲劇は過去のものではない。世界の各地で戦火は続いている。エリザベスの名を持つラフロアの息子ジェーソンは米軍の兵士となり、二〇〇七年、イラクで戦死した。二八歳の若さだった。

●記者ノート●

差別はなくなったか

ラフロアの養父が占領下の日本で撮った写真を見せてもらった。基地の外から鉄条網越しに、米兵から菓子のようなものをもらう子どもたちの姿。ぼろぼろの着物で行き倒れている遺体の写真もあった。現在では考えられない貧しさと混乱が伝わってきた。

エリザベス・サンダース・ホーム創設の理由は、母親たちが苦しんだ貧困と差別だ。子どもを預けた母親の一人は沢田に送った手紙で、日本人は排他的で異人種の血が入った子どもへの蔑視が強いと嘆いた。貧しさから脱して久しい日本だが、異質なものへの差別はなくなっただろうか。取材をしながら何度も自問せざるを得なかった。

二〇一四年一一月八日配信

◆岐路から未来へ◆

文と写真・遠藤一弥

和僑

収縮する日本、飛び出す――異国に根差す企業家支援

「和僑《わきょう》」。聞き慣れない言葉かもしれない。世界中にネットワークを広げて同胞のビジネスを支援する華僑をモデルに、日本人起業家同士が支え合おうという活動だ。

海外でのビジネス展開は難しい。本社からのバックアップを受けた大企業の駐在員でも、生活や商習慣の違いに戸惑い、失敗を繰り返す。先達の知恵やノウハウを共有し、海外に活路を求め起業する日本人を支えようとする和僑会の活動が世界各国に広がっている。

「収縮する日本を飛び出し海外で起業する人はこれからも増えるだろう。そんな人たちの受け入れ先になれれば」

昨秋バンコクで開催された第五回世界大会には延べ二千人が参加した。

最悪の時

「タイ王国和僑会」代表として世界大会主催にこぎ着けた谷田貝良成《やたがいよしなり》（五〇）は一九八八年四月、日本の旅行会社の現地駐在員としてバンコクに赴任した。小田実の「何でも見てやろう」にあこがれ、学生時代はバックパッカーとしてタイやネパールを歩き回った。

現在は高齢者や障害者のタイ旅行やロングステイを手掛ける会社を経営、将来は「タイの持つ〝癒やし〟を活用した障害者リハビリと高齢者介護の施設をつくる」ことが目標だ。その傍ら、炭焼きを手掛け、急増するタイ国内の日本料理店や日本の和食チェーンに炭を卸している。

谷田貝が親友でもある東京和僑会の代表からタイ和僑会設立を持ちかけられたのは二〇〇八年。だが「会社一つつぶしたばかりで精神的にも経済的にもどん底」で、そんな気力はなかった。

翌年、再び説得された。師と仰ぐ人から「人生最悪の時だからこそ他人の成功を手助けする仕事をやるべきだ」と助言され、とにかくやってみようと〇九年一一月、タイ和僑会を創設した。

タイで起業、激しい競争を経験して二十年余。「東南アジアの人たちと仲間意識でやっていけるのは、中国人でも韓国人でもなく、日本人だけだ」と思う。また「中国や韓国との競争の中で生き残るには人と人のつながりしかない」ことも実感した。それがタイで和僑会を続けてきた原動力だ。

高度低下

真っ先に協力を依頼、副代表として二人三脚でタイ和僑会を引っ張ってきたのが小田原靖《おだはらやすし》（四五）だ。谷田貝は「彼に断られたらやめていた」と全幅の信頼を置く。

「水の都」バンコクには至る所に運河が張り巡らされている。自宅近くの運河で和僑ASEAN構想を語る谷田貝良成。

顧客の日系企業八五〇〇社、登録人材九万人を抱えるタイ最大の人材紹介会社の社長である小田原は、一見、谷田貝とは全く逆の印象だった。

穏やかな風貌と語り口、だが舌鋒《ぜっぽう》は鋭い。「『行け』と言われて来て、『帰れ』と言われたら戻る。大企業の駐在員は草食系ですね」「外国で起業するのは自分や家族が食べられるか、食べられないか。覚悟が違います」

音楽や映画、若者が米国に憧れていた時代に育った。福岡で高校をおえると、米国の大学に入学。卒業時はＮＩＥＳ（新興工業国・地域）が台頭した「アジアへ、アジアへ」の時代、日本に戻るつもりはなく、タイに渡った。

小田原が語る海外から見た日本観は興味深い。「飛行機に乗っている人は高度がどんどん落ちても気付かない。でも、はたで見ていると『危ない、あのままでは墜落してしまう』ということが分かる。日本はそんな状態ではないでしょうか」

夢を追い求める谷田貝、実務家タイプの小田原。二人は昨年の世界大会を成功裏に終えたのを機に、代表と副代表を退き、若手に後を譲った。

和僑二世

順調な経済成長を背景に、二〇〇〇年代末からタイで起業を目指す日本人が急増。タイ和僑会の会員も約四〇人となった。

意見交換をする定例会、最新のビジネス状況を分析する勉強会などの活動も多彩。会員の枠を超えて開催する異業種交流会には毎回、定員をはるかに上回る応募がある。

「情報交換や会員間の理解を深める所期の目的はほぼ達した」と語る谷田貝と小田原には、既に次の青写真がある。一つは、会員同士による資金調達の枠組みをつくること。そして、もう一つが「和僑ＡＳＥＡＮ」だ。

東南アジア諸国連合（ＡＳＥＡＮ）は来年、域内の経済統合と競争力強化に向けた経済共同体を発足させる。この動きを捉え「もう一国を見ている時ではない。東南アジアで活躍する日本人起業家の連携をより密にすべきだ」との思いがある。

和僑ＡＳＥＡＮ構想は、今秋、香港で開かれる世界大会に諮る。

「こんなに気持ちよく仕事ができるのだから、ここに一生いる」。谷田貝はタイ人の妻との間に二女、小田原は日本人の妻との間に一女二男、日本に住んだことのない子どもたちだ。「この子たちが和僑二世になるのだろう」。二人は異口同音に語った。

●記者ノート●

世界に広がる「和僑」

「和僑会」は二〇〇四年、香港在住の日本人起業家、筒井修（七一）が若手起業家たちと香港で結成したのが始まりだ。

タイ王国和僑会によると、これまでに中国や日本、タイ、シンガポール、ベトナム、ミャンマーなどアジア地域に一七の和僑会ができた。最近では欧米にも和僑会をつくる動きが拡大している。

朱印船貿易時代、アユタヤ（タイ）、ホイアン（ベトナム）などアジア各地に日本人町があった。交易の拠点として栄え、日本人による貿易は他を圧倒していたともいわれる。和僑として異国で活躍する起業家たちの生きざまは、島国に飽き足らず海外に雄飛した祖先の姿と重なる。

二〇一四年八月九日配信

◆岐路から未来へ◆

島で教える

足元見つめ、育む自尊心――「グローカル」に生きる

文・名古谷隆彦
写真・堀　誠

真っ黒に日焼けした子どもたちは、見知った顔ばかり。七月七日、沖縄県宮古島市立久松《ひさまつ》中学校で二年生四四人の前に立ったのは、東京の新宿区立大久保小で長く教えた元教諭の善元幸夫《よしもとゆきお》（六四）。年に一時間だけ開く特別講座は五回目の夏を迎えた。

今年のテーマは「グローカル」。グローバルとローカルを合わせた造語で、精神は地域に根差しつつ、地球規模で考え行動するという意味だ。

「沖縄人はどこからやって来たのか」「島に残る大津波の痕跡」「宮古島にも空襲があった」――。過去四回、生徒たちのアイデンティティーに深く関わる題材を取り上げてきた。地元の文化を深く知ることで自尊心を育み、異文化と積極的に関わる人になってほしい。そんな思いで、同じ子どもたちと小学四年の時から向き合ってきた。

「グローカル」をテーマに総合学習の授業をする善元幸夫。

未来に残す

「今日は宮古島の未来について考えよう」。冒頭、善元は陶磁器のように美しい子安貝を取り出した。世界でも宮古島やベトナムなど限られた場所でしか採れない。約三千年前には中国で貨幣として使われていた。大昔から大規模な人の往来があったことをイメージさせるのが狙いだ。

人間は住みやすい土地を求めて移動する。初めは徒歩で、次は船で海を渡って。現在は飛行機で世界中を移動できるグローバル時代を迎えた。

宮古島には過去数千年の間に、沖縄本島や東南アジア、中国大陸などさまざまな地域から人が移り住んだとされる。「この島には多様な顔立ちの人がいる。海人《うみんちゅ》の漁師、マンゴー農家の人、最近日本（本土）から移り住んだ新住民。みんなが一緒になってこれからの宮古島をつくっていくんだ」と善元。

「それじゃあ、未来に残したい宮古島の自慢ってなに?」。問いかけに、男子の一人が勢いよく答える。「オトーリ!」。宮古島に伝わる慣習だ。酒席で名乗り出た者が口上を述べて泡盛の杯を空け、全員に平等に杯を回して飲み干す。

「知らない人とも信頼が深まって、仲間になれるから」。生徒の説明に、善元は「今夜、先生もやるよ」と苦笑い。子どもの身近にいつも大人の存在がある。そんな島の人間関係を思い浮かべて目元が緩む。

土台は自尊心

善元は一九七四年に教師になった。初任地で中国残留孤児二世の男児に出会う。帽子を目深にかぶり、斜に構えた四年生だった。友達に声を掛けられても「ばかやろう、ぶっ殺す」と激しい日本語で威嚇した。

男児は前に通っていた学校で「日本語ができない」といじめを受け、円形脱毛症になっていた。中国人であることに誇りを持ちたいのに、自分の中でうまく折り合いをつけられずにいた。

「あの子にとって日本語はもはやコミュニケーション手段ではなく、相手との交わりを遮断するバリアーだった」。言葉が話せても、土台の自尊心が揺らいでいてはコミュニケーションは成り立たない。そう思い知った。

同じ年から日本語学級で授業をするようになる。教師を辞める二〇一〇年までの通算二一年間、外国籍の子たちと関わってきた。その経験から最近の教育の流れには危うさを覚える。「グローバル人材や小学校英語がもてはやされるけれど、流ちょうに英語が話せるだけでは真の国際人になることはできない」

博愛の精神

一〇年、教育問題について講演するため初めて島を訪れた。人と人との垣根が低く、結びつきが濃い。そこにひかれた。宮古島にも空襲があり、多くの島民が亡くなった事実も知った。だが出会った教師の多くは沖縄本島の戦争は知っていても島の歴史には無頓着だった。島を訪れるたび、若い教師に「もっと足元の歴史を子どもに伝えるべきだ」と訴えてきた。

授業の後半。善元は一八七三年、台風のため沖合で座礁したドイツ商船のエピソードを紹介した。島民は乗組員を励ますため、海岸で夜通しかがり火をたいた。漁師たちがドイツ人六人と中国人二人を救出したが、琉球王府が帰国船を出す決断を渋ったため、島の責任で船を与え沖合まで送った。当時の記録には島の役人たちの「人情として見過ごすことはできなかった」という言葉が残る。「島の人たちは国の分け隔てなく人を助けた。海人に国境はない。目の前で困っている人を放っておけなかったんだね」。善元が示した島の財産は「博愛の精神」だった。

最後は地元出身の教頭先生に託し、島に伝わることわざを紹介してもらった。「アマイミパナンカイヤ、ティーヤイダキン」。方言の意味が分からず首をかしげる生徒たち。「アマイって笑顔？」「その通り。笑顔で暮らしている人には、悪い心を持った人間も手出しはできないという意味だね」。解説に聞き入る善元も笑顔になった。

●記者ノート●

魔よけの石碑

善元幸夫さんには口癖がある。「授業は一期一会のライブ。二度と同じように再現することはできない」。今回の授業の仕込みにかけたのは約八〇時間。直前まで「準備が十分だったか不安」とそわそわしつつ、それがまた楽しそうでもある。

世界の隅々まで押し寄せるグローバル化の波に宮古島のような一地域がどう向き合えばよいのか、多彩な素材を使って生徒と問題意識を共有しようとした一時間だった。

沖縄県や鹿児島県には「石敢当《いしがんとう》」と呼ばれる魔よけのための石碑が今も残る。「石敢当が魔物から守ろうとしているのは、自尊心なんじゃないかなあ」。ふと口にした一言には深みがあった。

二〇一四年八月二三日配信

◆岐路から未来へ◆

日本とイスラム

敬意で広げる懸け橋――モスク増えハラルに関心

文・高山裕康
写真・堀　誠

「イスラム、テロ！」。受話器から響く片言の英語の声。強い怒りが伝わってきた。

二〇〇一年の米中枢同時テロの後、容疑者はイスラム教徒だと報道されると、エジプト人のイスラム法学者モフセン・バイユーミ（五〇）がイマーム（指導者）として生活していた神戸市の「神戸ムスリムモスク」にも苦情や抗議の電話が相次いだ。

バイユーミは穏やかに応じた。「隠しごとは何もない。どうぞ施設を訪ねてください。話し合いましょう」

改宗

一九六四年、砂漠が迫るカイロ郊外ギザの公務員の家に生まれた。信心深い父のもと、九歳で聖典コーランを暗記。イスラム教スンニ派最高学府の流れをくむアズハル大学でイスラム学を修め、地元

土曜夜に開かれた勉強会で「大巡礼」について講義するモフセン・バイユーミ。子どもたちが走り回り寺小屋の雰囲気。

のモスクでイマームなどを務めていた。

転機は二〇〇〇年。アズハルが各国の礼拝所に派遣しているイスラム法学者に選抜された。行き先が神戸モスクだったのは「偶然だった。日本について知っていたのは、第二次大戦後の経済発展と信者が少ない国ということぐらいでした」

神戸モスクは一九三五年、インド商人らが築いた国内最古のモスクだ。日本は戦時中、植民地政策としてアジアのイスラム教徒に接近するが、戦後は関係が遠のき、モスクも神戸、東京など数カ所しかなかった。

八〇年代後半のバブル景気の時期に職を求めてパキスタンの若者らが来日、インドネシアの研修生や留学生も続いた。一部は家族を持って定住するようになり「祈りの場が欲しい」という求めは切実になった。バイユーミが来日したのは、定住者らが寄付を募り、プレハブや民家をモスクにした時代だった。

バイユーミが神戸にいた約一〇年、イスラム教徒と結婚したり、イスラム文化に触れたりして改宗する日本人が増えた。「日本人約六〇〇人の改宗に立ち会った」と言う。同時テロやイラク戦争があっても、イスラム社会は着実に日本に根を下ろしてきた。全国のモスクは増え続け、約六〇カ所ともいわれる。

知識

「大巡礼では、縫い目のない白い布をまとわなければいけません」。バイユーミがマイクを使って説明する。九月下旬、大阪府茨木市の「大阪茨木モスク」。イスラム教徒がサウジアラビアの聖地メッカに押し寄せる大巡礼が間近に迫っていた。ひげ面の男たちが熱心にメモする。

バイユーミは二〇一〇年、神戸から茨木に移った。二階建ての日本家屋を利用したモスクは〇六年、留学生らが立ち上げた。バイユーミはここでは初めてのイマームだ。教徒たちは　バイユーミが来たことを喜ぶ。「日本で宗教知識を得るのは難しいので、ありがたい」と講義を受けるインドネシア人の会社員。

土曜夜に開く勉強会には、関西に住むアジアや中東の教徒ら約二〇人が集まる。周りで子どもたちが走り回り、寺子屋のような雰囲気だ。

一日五回の礼拝や豚肉・アルコールの忌避……。イスラム教の戒律は、日本人になじみが薄い。ある日本人教徒から「家族の法事に参加して良いか」と聞かれた。バイユーミは明快に答えた。「仏教の読経などをしなければ参加してほしい。アラー（神）は家族や隣人と良い関係を結ぶことを命じている。家族と離れてはいけません」

市場

「原料は大豆ですか」。中央アルプスを望む長野県飯島町。「ひかり味噌」の製造工場で バイユーミが担当者に尋ねた。

バイユーミは数年前から「日本ハラール協会」（大阪市平野区）の監査委員長を務め、各地の食品工場を訪れている。イスラム専門家として「ハラル」（アラビア語で「許されたもの」の意）基準に沿って作られているかどうか確認する。

ひかり味噌は一二年から協会の認証を受け、ハラルマークを付けたみそ製品の輸出を始めた。「一八年ごろには年間千トンを生産、イスラム圏の販売を強化したい」と担当者。

発展するインドネシアやマレーシア、原油で潤う中東産油国。イスラム市場は日本文化への関心も高く、ハラル認証ブームは高まる。政府も六月、二〇年の東京五輪に向け「イスラム教徒おもてなし」の方針を決めた。

「来日当初は企業との関わりは考えられなかった。ハラルを契機として、イスラムにも関心を持ってもらえる」とバイユーミ。ハラル料理を出す飲食店も増えた。「ハラル料理を出さないレストランでも『イスラムの方でも口にできますか』と尋ねられるようになった」とうれしそうに話す。

世界約一六億人のイスラム教徒のうち、日本在住は一〇万人超。「私は日本とイスラムの懸け橋になりたいと願ってきた。互いを理解するため、最も大切なことは敬意だ。友人として尊敬することが平和な社会を築くのだと思う」

●記者ノート●

教育と墓

在日イスラム教徒の外国人に初めて話を聴いたのは約二〇年前。地方都市で小さなアパートを共同で借り、周囲から苦情を言われないようにひっそりと祈ったり、共同でハラル食材を購入したり。生活は難儀をしているようだった。

グローバル化とともに、礼拝所や食の整備が急速に進む日本で、次の課題は何か。バイユーミは「教育とお墓が切実だ」と指摘する。

「親が子どもにイスラムを教えても限界がある。学校でイスラムを学ぶことができれば」。またイスラム教徒は火葬が禁じられているため、日本に骨をうずめたい教徒にとって、土葬が可能な墓地探しも懸案という。

二〇一四年一一月一五日配信

◆岐路から未来へ◆

元原発技師の挑戦

魔術信仰の島に芸術家村を——若者の仕事、増やしたい

文・飯沼賢一
写真・松下明子

人生の絶頂はいつだろうか。原発の安全のために尽くした技師時代か、退職後に異国の地に芸術家村を開こうと夢見たときか。がんで自由に出歩くことができなくなった今も、まんざら悪くない。

神戸市西区の自宅で、桑原耕治《くわばらこうじ》（六七）は記者に一枚のアクリル画を広げて見せた。背景の黒に植物の緑と赤が映える。フィリピン中部の小島シキホールに咲く花、ヘリコニアだ。

描いたのは島の青年ルイ。二二歳ぐらいだが、家が貧しく小学校しか出ていない。桑原が画材道具を与え、絵の手ほどきをした。

花の絵の出来栄えを聞いた。「筆遣いが丁寧で、配色も悪くない。これなら売り物になる」。満足そうに表面をなでた。

ルイとレイが描いた絵に囲まれる桑原耕治。「彼らは息子みたいなものです」と笑顔を見せた。

無謀な計画

シキホールには魔術信仰が色濃く残る。キリスト教の聖週間には呪術師が集まり、香草やトカゲを大釜で煮て〝秘薬〟を作る。首都マニラで「シキホールに行く」と言うと、大抵は顔をしかめる。不気味な島なのだ。

観光以外の主だった産業がないため、多くの若者が定職に就くことができていない。ルイもその一人だった。

桑原は島に芸術家村を開くために活動してきた。「アート・プロジェクト」と呼ぶ計画は、若者に絵を教えることから。土地を買って家を建て、そこに家賃一ペソ（二〜三円）で芸術家の卵を住まわせる。その代わり、絵の収益の一部は村のために貯蓄する――。

着想から五年あまり。二四〇〇平方メートルほどの土地に二軒の家が建つ。ルイともう一人の青年レイが初めての住民となる。

桑原は名古屋市に生まれた。名大で電気工学を学び、三菱重工業に入社、一貫して原発の研究開発に携わった。

二〇〇五年に五九歳で退職してからは「やりたいことをやった」。水彩画を学び、苦手な英語を習得しようと、ニュージーランドに短期留学した。

そのとき、サイモン・ジェンキンスに出会う。五〇歳を過ぎた英語の講師だったが、グルジアで平和維持活動に関わった経験を熱っぽく語った。それを聞くうち目標を決めた。「日本から近い英語圏の国でボランティアをしよう」

初めてシキホールを訪れたのは〇九年。描いた風景画をはがきの裏に印刷し、ホテルや土産物店に置いてもらうと、一枚四〇ペソで売れた。住民の一日の平均収入は一〇〇~二〇〇ペソ。「絵を描くことが仕事になる」。日本と島を往復し、若者を芸術家に育てる構想を説く生活が二年近く続いた。

言語もしきたりも違う地での無謀とも思える挑戦。信頼していた人に裏切られることもあった。

初めての絵の生徒だった男性は一年がかりで教えたが、突然、作り話で金をせがむようになり、離れていった。自分の店を改築してギャラリーにすると約束した別の青年には、三万ペソを貸したが、返ってこない。

神が決める

東日本大震災のときは島にいた。島最大のリゾートホテルを経営する実力者マイク・バトラーに会うためだった。その年の正月に、ぼうこうがんと診断され「いつまで生きられるか分からない」との思いが背中を押した。

「画家を育てて島の仕事を増やしたい」。バトラーは大きくうなずき握手を求めてきた。オーストラリアから移住、経営者として若者の雇用問題に向き合ってきたのだ。

計画が動きだそうというとき、震災の発生を知る。津波の映像を現地のテレビ局が放映した。頭をよぎったのは原発だった。危機管理システムに携わった経験があったから、東京電力福島第一原発に致命的な弱点があることを知っていた。これから起こることを予測し、おののいた。

翌日、マニラに戻り、空港で関東地方の知人にメールで避難を呼び掛けた。帰国後、いつもと変わらない関西空港の様子を異様だと感じた。日本のメディアは真実を伝えていない。その思いは今も変わらない。

「震災や原発事故に大きく心を揺さぶられた時期はあったが、自分に与えられた役割は別のことだと思うようにした」。再びシキホールへと足を運ぶようになった。

バトラーの協力で、計画は現実になっていく。バトラーは経営するホテルに画家のためのスタジオをつくった。桑原が買った荒れ地を整備し、家を建てたのも彼だ。

がんが再発、桑原は心の支えだった教会の日曜礼拝にも通えなくなった。今年一一月二三日の芸術家村開村式にも出られなかった。

「残念ではないよ」。こちらの心を見透かしたように笑って続けた。

「芸術家村の住人が一〇〇人に増えるときがくるかもしれないし、一年もしないうちに閉村するかもしれない。そのどちらでもいいと思っている。すべては神が決めること。私がシキホールに導かれたように」

桑原は昨年一二月三〇日、家族にみとられて静かに息を引き取った。

技師の顔

●記者ノート●

ニュージーランド留学中、貧民街で布教する神父と出会う。「誰でも心の安らぎを得ることができる」。彼の言葉が桑原の胸に残った。帰国後、洗礼を受け、海外で暮らしていても孤独を感じなくなった。

芸術家村ができるまで、多くの困難に直面した。しかし「罰ではなく試練と考えて祈りをささげると、進むべき道が見えた」。

二四回シキホールを訪れ、現地で描いた絵は約一〇〇枚。やると決めたら妥協しない。穏やかな笑顔が一瞬、厳しくなったのは原発事故について尋ねたとき。「分かっていたのに」。その時だけ、技師の顔がのぞいた。

二〇一四年一二月三〇日配信

第７章　研《みが》く　技術と科学

◆岐路から未来へ◆

緊急被ばく医療

原発事故に学び、引き継ぐ——経験した医師の使命

文　・岩切　希
写真・萩原達也

「これからどうなるんですか？」。ヘリコプターの機内に若い自衛官のこわばった声が響く。不安な思いが伝わってきた。ヘリに同乗した医師、徳永日呂伸《とくながひろのぶ》（四二）は努めて穏やかに語りかけた。「まずはきちんと検査をしましょう」

二〇一一年三月一四日夜、ヘリは自衛官と徳永を乗せ、千葉市の放射線医学総合研究所に向かっていた。けがは右脚の裂傷。東京電力福島第一原発事故で注水作業に当たっているさなか、三号機が爆発、吹き飛んだ破片で負った傷だった。傷口から放射性物質が入っていれば深刻な内部被ばくもあり得る。到着までの約一時間、徳永は希望が持てるよう、声をかけ、説明を続けた。

数カ月後、原発事故の対応拠点となっていたサッカートレーニングセンター、Ｊヴィレッジの診療所で勤務中、一眼レフをぶら下げた青年に出会った。あの自衛官だった。任務に復帰して今は写真を撮る仕事をしているという。「あの時ヘリでいろいろと声をかけてもらって、すごくうれしかった」。

感謝の言葉に胸が熱くなった。

知識がない

東日本大震災の発生直後、徳永は所属する福井大病院から災害派遣医療チーム（ＤＭＡＴ）の一員として仙台市へ。一三日昼からは福島県の災害対策本部に詰めた。

近隣の病院から問い合わせが殺到していた。この数値の意味を教えてくれ、といった基礎的な内容がほとんどだった。「医師や看護師でさえ、放射性物質による汚染や被ばくについての知識が十分でなかった」

住民の汚染状況を検査するため人手が必要だった。そこで一〇〇以上の医療チームが現地入りする予定だったが、着いたのは約二〇チーム。スタッフが被ばくを恐れて泣きだし、直前に取りやめたチームもあったと聞いた。被災して限界状態になった医療機関が、汚染した疑いのある人の受け入れを断るケースもあった。

緊急時の被ばく医療体制は一九九九年のＪＣＯ臨界事故を機につくられた。被ばく医療と救急・災害医療を一体として教育・実践することが柱で、原子力施設の立地や隣接する自治体では研修が定期的に行われてきた。

絶対はない

徳永の師、福井大医学部教授の寺沢秀一《てらさわひでかず》（六一）はもともと救急医。あらゆる症状の患者を受け入れる北米型の救命救急室（ＥＲ）を福井で実践していた。

緊急被ばく医療の研修にも講師として関わってきたが「残念ながら福島事故までは、受講者の関心は極めて低かった」と明かす。原発立地周辺の多くは過疎地。医師不足が深刻だ。余裕のない現場でこの医療を根付かせるのは容易ではなかった。

寺沢が緊急被ばく医療の重要性を痛感したのは〇四年八月、関西電力美浜原発三号機で高熱の蒸気が噴出、作業員一一人が死傷したときだ。

発生現場は放射線管理区域外だったが、作業員の被ばくや汚染の有無について、なかなか確実な情報が入って来ない。医療者でも、管理区域内と区域外の違いさえ知らない人が多かった。

「人がつくり、長年動かすものが絶対安全なはずがない。国内最多の原発が立地する福井で救急をやる以上、避けては通れない」。寺沢は県内の医療者が福井大や米国の専門機関で学べる体制を整備する。

徳永は約一〇年前から寺沢の下で学び始めた。寺沢の救急医療を「自分が思う形だと思った」からだ。被ばく医療に深く関わっていくのもそこからだった。

現実を直視

多くの原発が立地する福井県敦賀市。市立敦賀病院では、汚染を伴う患者の受け入れを想定、緊急被ばく医療の訓練をしている。指導は徳永だ。

汚染拡大を防ぐため、医療器具はシートで覆い、靴にはカバーを、手袋は二重に。徳永の声が響く。

「これだけでも一五分かかる。本番は時間の制約がある。そこは頑張ろう」。防護服を着た若手医師ら

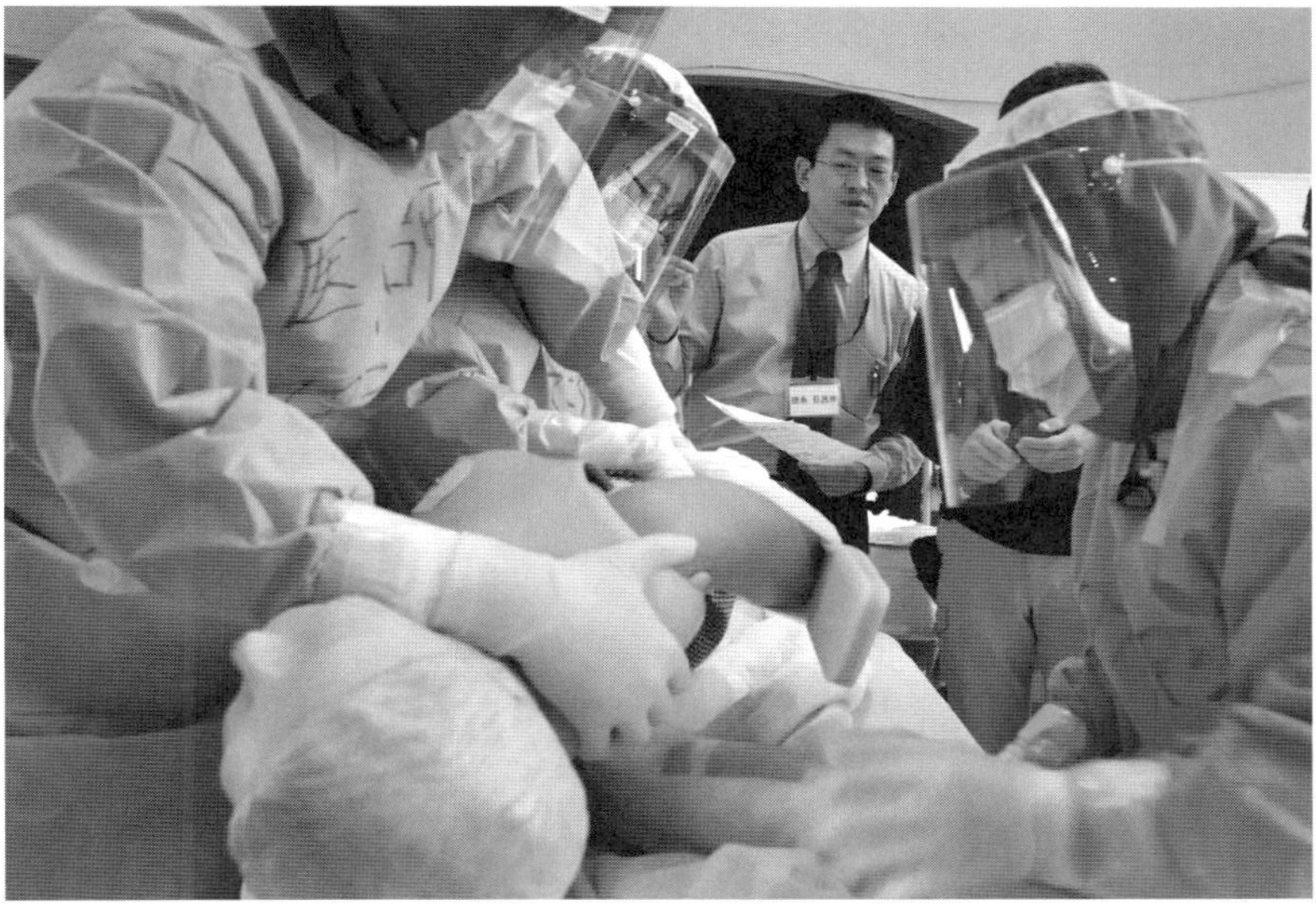

過酷事故が起き放射性物質に汚染された患者が救急搬送されてきたという想定の実習で、指導する徳永日呂伸。

がうなずく。まなざしは真剣そのものだ。

震災後、徳永はここの全スタッフを対象にした研修や講義を担当してきた。敦賀市の被ばく医療の枠組作りにも参加。消防や警察、学校関係者らが正しく放射線に対応できるよう講師として教える。そして、今も要請があれば、福島第一原発の正門脇にある救急医療室で働く。

福島の事故で多くの人が放射能や放射線に関心を持ったが、否定的な方向からだった。だが今や、放射性物質も放射線も医療や農業、工業といった広い分野で使われている。「現代は放射性物質や放射線と付き合わずには生きていけない」。徳永は現実を直視する。だとすれば、その現実とどう折り合いを付けるのか。

「福島での厳しい経験から学び、将来に引き継ぐ必要がある。それがあの現場の医療に関わった医師としての自分の使命です」

●記者ノート●

返された名刺

「名刺なんていらない。情報が欲しい。福島が大変なことになっているらしいが、どうなっているのか」。震災直後、宮城県東松島市の避難所で被災者を取材したとき、名刺を返され、そう言われた。避難所にはほとんど情報がなかった。だが現場に出された私にも、伝えられる情報はない。翌日、新聞を持って行き、謝るしかなかった。

あれから三年。「現地で自分は何ができたのか」という疑問をずっと抱いてきた。

徳永への取材で「現場にいた者の使命」に気付かされた。それは記者にだってあるのだ。記憶の風化が進む今こそ、その重さをかみしめて、記事を書いていきたい。

二〇一四年三月八日配信

◆岐路から未来へ◆

地震予知

負の遺産を次世代に渡すな——軌道修正できず半世紀

文　・辻村達哉
写真・大沼　廉

「地震予知はできない」「政府が発表する地震発生確率は全く無意味です」「地震は不意打ちで、どこでもあり得る。想定外に備えましょう」

神戸市で開かれた日本透析医学会の市民公開講座で、東京大教授のロバート・ゲラー（六二）は、地震の予知や予測に頼ることの危うさを説いた。

地震予知研究が国家プロジェクトとなり半世紀が過ぎた。しかし予知に成功したことはなく、実現への道筋も見えない。

阪神大震災を機に政府が始めた長期予測もその後の地震への備えにつながらず、東日本大震災をもたらした超巨大地震も予測できなかった。

道を誤ってしまった科学を軌道修正できなかった無残な歴史だ。

驚き

地震は岩盤の断層がずれる破壊現象だ。地下には無数の断層があり、互いに影響し合う。小さな地震はしょっちゅう起こっており、ときには大きな破壊に成長して大地震になることがある。「大きくなるかどうかは偶然に左右される。しかも地下深くにある断層の状態を測定できない。地震の予測は非常に難しい」とゲラーは言う。

地震を予知しようという試みは約一〇〇年前から続いてきた。「米国でも一九七〇年代、予知への期待が高まった『予知研究バブル』があった。が、八〇年代にはじけた」

ニューヨークで生まれ育ち、西海岸の名門カリフォルニア工科大で世界的な地震学者、金森博雄《かなもりひろお》（七七）の指導を受けたゲラーは三〇年前、東大初の外国人の終身職教員として助教授に採用された。

来日して驚いたのは、起こるかどうか分からない地震を「東海地震」と名付け、その予知を気象庁が業務として担い、警報を出すという「大規模地震対策特別措置法」（大震法）の存在だった。

「ある程度は聞いていたが詳しく知ってびっくりした。本気なのかと」

九一年、英科学誌ネイチャーの誘いに応じて地震予知体制への批判を発表し、孤独な闘いを始めた。「うそを放置すればエスカレートする」。そんな危機感からだ。

圧力

予知研究は六五年、いわゆる「地震予知計画」で本格的に始まった。気象庁や大学などの観測網を整備し、大地震の前兆を探すという国家プロジェクトで、五カ年計画が第七次まで続けられた。

阪神大震災で崩れたメリケン波止場を見つめるロバート・ゲラー。一部が被災当時のまま保存されている。

きっかけは学者有志がまとめた「ブループリント」という文書だ。地震警報がいつ出せるようになるかは、この計画の全てがスタートすれば一〇年後には答えることができるだろう、と宣言した。

ところがそこには集めた観測データをどう予知につなげるかのアイデアが全くない、とゲラーは指摘する。「大げさに言わないと予算が付かなかったのかも。だが、うそをつけば結局、社会の信頼を裏切ることになる」

日本地震学会会長で東大地震研究所教授の加藤照之《かとうてるゆき》（六一）が大学院に入ったときも、予知実現への期待は高かった。「研究を進めると、予知は難しいと分かった。他の人の研究を見ても、そうとしか思えなかった」

それでも新しい計画をつくる際の報告書には、予知の実現に向かってどこまで達成したかを書くよう求められた。「これは危ういなと感じた」

海底で起こる地震の観測研究のパイオニア、武蔵野学院大特任教授の島村英紀《しまむらひでき》（七二）は北海道大在籍中、著書などで地震予知を批判するたび、大学本部に呼び出された。

「文部科学省出身の理事に事情を聴かれた。覚えめでたくないと研究費はもらえず、昇格も遅れる。ゲラーさんもなかなか教授になれなかった」

微動

阪神大震災の後、予知の実現にはほど遠い実態が白日の下にさらされ、計画は抜本的な見直しを迫られた。東日本大震災を経て、ついに名前から「予知」が消え「災害軽減研究計画」となった。

だが大震法はなくならない。政府の地震調査研究推進本部による地震の「長期評価」もそのままで、ゲラーが「科学的根拠がない」と批判する地震発生確率を発表し続けている。

発生確率は、ほぼ同じ規模の地震が同じ場所で周期的に繰り返すと考える「固有地震説」に基づく。しかし、この説は検証されていない。二〇〇六年、金森らは古い記録を調べ、宮城県沖で繰り返したとされる地震が実は規模も場所もばらつき、単純な繰り返しではないとする論文を出した。

「そんな数字なのに、発表されるとマスコミは疑問を持たず報道する。まるで大本営発表だ」

地震学会は長年、国の施策に対して腰が引けていた。「３・11」を受け、長期評価などの科学的根拠を議論しようという動きが出てきた。

ゲラーは訴える。「今の地震防災は日本海の巨大津波の可能性を軽視するなど問題がある。大震法をなくし、もっと効率的な対策に取り組むべきだ。負の遺産を次世代に渡してはならない」

●記者ノート●

正直であれ

地震学を含む地球科学はとてもおもしろい学問だ。ノーベル賞を受賞した物理学者、朝永《ともなが》振一郎《しんいちろう》博士（一九〇六〜七九年）は、地球科学では、物理学者もかなわない推理力を働かせて自然の本当の姿に迫っている、と著書に驚きをつづっている。

地震や津波は災厄でもある。研究を防災に役立てたいという気持ちは分かる。ただ本当に役立つと主張したいのなら、きちんと証明しなければならない。それが科学だと、ゲラーはさまざまな「地震予知法」との論争を通じ、呼び掛けてきた。

「立場によっては真実を言わなくてもいいというのが日本の研究者の姿勢だ。しかし科学者は正直でなければならない」。ゲラーの言葉が胸に突き刺さる。

二〇一四年七月五日配信

◆岐路から未来へ◆

数学研究

もっと広い世界へはばたけ——産業と交流、深まる学問

文・辻村達哉
写真・中島　悠

週初めの月曜、東京大・駒場キャンパスの数理科学研究科に約二〇人が集まり、「スタディーグループ」という会合が開かれた。企業など外部の研究者が現場の数学的課題を説明し、数学者らが同じ週の金曜まで解決に取り組むという試みだ。

「大学院生は勉強してきたものがどこまで使えるか分かる。企業の方にとってはお手並み拝見ぐらいにはなると思います」。教授の山本昌宏《やまもとまさひろ》（五五）の言葉に場が和んだ。

課題の一つは「インターネットに消費者が発信する情報から企業に有益なデータを取り出すには」。活発に議論し、解決の方向性が見えてきた。

半分

数学は人類が磨き上げてきた知の結晶ともいうべき学問だ。魅惑的ながら難解で浮世離れしたイ

メージが強いが、最近は意外なことに産業との交流が広がりつつある。

スタディーグループもそうした変化の一つ。一九六八年に英オックスフォード大で始まり、日本では九州大と東大が共同で二〇一〇年に始めた。

山本とともに関わる九州大教授の若山正人《わかやままさと》（五八）は「私の専門は表現論という純粋数学ですが、純粋数学だけだと数学の半分しかやっていない感じがします」と言う。

若山は一一年、福岡市郊外の九州大・伊都キャンパスに設立されたマス・フォア・インダストリ研究所（ＩＭＩ）の初代所長。その名の通り「産業のための数学研究」に、純粋数学者を含む二五人が携わる研究所だ。

旭硝子、新日鉄住金、富士通、アニメ映画のコンピューターグラフィックス制作で知られるオー・エル・エム・デジタル……。共同研究は一七社との間で計二〇件に上る。

「一〇年前、企業と数学者の共同研究はゼロ。今は九州大医学部からも共同研究しないかと声が掛かるようになりました」

浮上

戦後、日本の数学は世界の最先端を走ってきた。数学のノーベル賞と呼ばれるフィールズ賞を小平《こだいら》邦彦《くにひこ》（九七年死去）、広中平祐《ひろなかへいすけ》（八二）、森重文《もりしげふみ》（六三）が受賞。金融工学の基礎を築いた伊藤清《いとうきよし》（〇八年死去）は国際数学連合の第一回ガウス賞を受賞した。関数概念を拡大した超関数理論など佐藤幹夫《さとうみきお》（八五）の研究は数学史に残る偉業だ。だが数学全体の発展の動向は、世界とは違っていた。

「日本は純粋数学一辺倒。他の科学、応用分野との接触を広げる必要がある」。八一年、日本に約二カ月滞在した米国出身の応用数学者、ロバート三浦《みうら》（七五）は京都大教授の山口昌哉《やまぐちまさや》（九八年死去）にそんな手紙を送った。

「的確な指摘だったと思う。現実の世界を扱う応用数学には、厳密に解くこともできず証明もできない問題が多い。そのため純粋数学よりも一段低くみられていた」と東大生産技術研究所教授の合原一幸《あいはらかずゆき》（五九）。

　合原は戦後間もなくできた東大工学部応用数学科を源流とする数理工学の系譜を継ぐ。「厳密に解けなくても、いろいろな解析手法で現象の本質を引き出せる。引け目を感じることはない」

　長い冬の時代に終わりを告げたのは〇六年に出た文部科学省科学技術政策研究所の報告書。研究費、博士号取得者、産業で活躍する研究者のいずれも少ない、と数学研究に迫る危機を指摘した。

　数学の振興が政策課題に浮上し、ＩＭＩの誕生を後押しした。合原が提案した研究プロジェクトは四年間で約一九億円と数学では前代未聞の研究費を政府から得て、医療や情報など実社会の幅広い問題に適用できる数学的手法の開発を進めた。

刺激

　ＩＭＩ准教授の平岡裕章《ひらおかやすあき》（三六）は世界でも数少ない応用トポロジー（位相幾何学）の研究者だ。「トポロジーは『穴』に注目して、物の形をざっくり見る学問です」

　タンパク質分子やガラスが持つ微細な穴の構造をトポロジーの道具で解析し、柔らかさなど物理的性質との関係を探る。

米国では「ビッグデータ」と呼ばれる、社会活動や生命科学研究が生み出す膨大な情報を図形の一種とみて解析する研究も進む。「その中から新しい数学の道具や研究領域が生まれた。数学自体が豊かになっている」

製鉄工程の改良などで一〇年余り企業と共同研究をしてきた山本も「産業の課題は刺激になるものばかり。必要な数学の理論がなく自前で開発したこともあった」と語る。

数式や図でトポロジーを使った研究について説明する九州大の平岡浩章准教授。

数学をもっと広い世界で使い、深めたい。旭硝子中央研究所の特任研究員、高田《たかだ》章《あきら》（五九）は数学者たちに期待を寄せる。「産業の次のブレークスルーは数学で大きく進む可能性がある。従来の発想を超えるものが出てくるのでは」

ＩＭＩは今年秋、オーストラリアに分室を開く。同国で盛んな一次産業に絡む研究をしたいと若山は話す。「都市設計など社会インフラ構築にも数学は貢献できる。いろんな場で使わないと、もったいない」

●記者ノート●

純粋数学の重要性

技術の基礎には数学がある。コンピューター断層撮影（ＣＴ）などの医療技術、航空機や自動車の設計、金融、保険……。ただ実用に結びつくには時間がかかる。素数の研究が通信の暗号技術に使われるまでには二千年余りを要した。

だからこそ産業との連携に関わる数学者たちは、未来に応用の種をまく純粋数学の重要性を強調する。純粋数学で世界をリードする京都大・数理解析研究所で教授を務める森重文も「遠い将来に役立つ数学を生み出さないといけない」と語る。

心配なのは財政難に苦しむ大学の現状だ。政府は大学の予算を削り続ける政策をやめ、地道な研究の場を守る必要がある。

二〇一四年三月二二日配信

◆岐路から未来へ◆

ジャンボ機

世界を変えた大型機――少年の日、翼への決意

文　・増永修平
写真・鍋島明子

一九三三年二月、米北西部シアトルには、まだ西部開拓当時の空気が残っていた。一一歳だったジョー・サッター（九三）は、自宅があった高台の住宅街ビーコンヒルから、眼下に広がるボーイングの専用空港を眺めるのが大好きだった。

初の近代型プロペラ旅客機、ボーイング２４７が翼を輝かせ離陸していく。流麗な２４７の姿を見ながら決意した。「飛行機を造りたい」

地元の大企業ボーイングでエンジニアとなったサッターが、苦難の末に生み出したボーイング７４７は三六年後に初飛行、「ジャンボ」の愛称で広く親しまれた。

革新

サッターが７４７開発のリーダーに指名されたのは六五年。待ち受けていたのは、航空会社の厳し

い要求だった。日航を含む世界の主要航空会社は、従来の二倍を超える三五〇席以上の大型機を希望。特に最初に発注したパン・アメリカン航空（パンナム）は、斬新な総二階建て機を望んだ。

しかし、当時のボーイングが最も力を注いでいたのは、米政府主導の超音速旅客機開発だった。「サッター自身も、七〇年代は超音速機が主流となり、７４７はすぐに旅客機のカタログから消えると思っていたはずだ」。ボーイングで社史研究を担当するマイケル・ロンバルディは明言する。

貨物機にも使えれば生き残れる――。サッターは総二階建てを断念する。その一方で、胴体を従来の二倍近く太くし、機体前部にだけ残した二階部分に操縦席を置くという革新的なデザインを採用した。完成した長さ約七〇メートルの７４７には、幅六・一メートルの広大な旅客スペースができた。貨物機タイプは先端部を上に持ち上げるドアで広い開口部を確保、大きな貨物もスムーズな出し入れが可能になった。超音速機の方は結局、実現しなかった。

「大型機の設計方法なんて誰にも分からなかった。でも顧客の要望を満たすには、これが正しい答えだったね」。サッターはそう分析している。

交渉

六九年二月に初飛行した７４７は、七〇年一月にパンナムのニューヨーク―ロンドン線で初就航。日航が最初の機体を受け取ったのは、その直後の七〇年四月だった。

日航で、サッターの交渉相手だったのが、受け取りの際に技術部長だった平沢秀雄《ひらさわひでお》（九二）。八六年に辞めるまでの一六年間は「まさに『ジャンボ漬け』でした」。

自らの名前と写真がペイントされた最新タイプのジャンボ機の模型に手を掛けるジョー・サッター。模型機には「747の父サッター」と記されている。

一号機を米国での訓練飛行に投入した段階からエンジントラブルが続出。最終的には一日当たりの稼働時間を当初の予定よりも減らし、七〇年七月一日、羽田―ホノルル線の就航にこぎ着けた。

しかしその後も続くトラブルに、平沢は決意した。「サッターに来てもらおう」。日航のデータを直接渡せば対策を講じてくれるはず。翌七一年、サッターは一人で羽田空港に降り立ち、日航技術部での会議に臨んだ。

「サッター・平沢ミーティング」と呼ばれた会議は翌年も開かれた。厳しいやりとりもあったはずだが、サッターは「助けられた。思い出はたくさんある」とだけ。

こうした努力から、就航率九九％という安定した運航が可能になった７４７は、日本人の移動を変えた。法務省の統計によると、六九年に約七一万人だった日本人の出国者数は、７４７

就航翌年の七一年に一〇〇万人を突破。日航が最多の八六機を運用した九四年には約一三六〇万人にまで増えた。

「より柔軟に旅行が可能になり、日本人の発想を変えた」。サッターはそう胸を張る。

記憶

日本人にとって747は、事故の記憶と切り離せない。八五年八月一二日、群馬県の御巣鷹の尾根に墜落した事故では五二〇人が亡くなった。当時、運航本部長だった平沢は翌年、引責辞職した。当時の運輸省航空事故調査委員会は、原因をボーイングの修理ミスと結論づけた。平沢は「サッターと事故の話をしたことはないね」と話す。

現在も最新ジャンボ、747-8型の生産が続くが、ペースは月産一・五機。月産四〇機以上の小型機737などと比べるとほそぼそとした規模にすぎない。中小型機を使い、便数を増やして利便性を高めるのが主流の航空市場で、大型機の需要は高くはない。

それでもサッターは、八六年に引退後も、ボーイング顧問として747への意見を出し続ける。

二〇一一年五月、サッターの九〇歳を祝うパーティーがシアトルで開かれた。出席した平沢に、サッターは言った。「若い人たちは飛行機を知らない。まだアドバイスしなきゃならないよ」

シアトルは、今や高層ビルが立ち並ぶ、全米有数の大都市となった。ボーイング247は歴史の中に去り、747も日本の航空会社のダイヤから三月末で消えた。しかし翼に込めたサッターの思いは、これからも消えることはない。

●記者ノート●

光り続けるカリスマ

航空に少しでも関わっていれば、サッターの名を知らない者はいない。どんなに発言力のある航空会社に対しても自分たちの意見を貫く自称「非情の技術者集団」のリーダーは、穏和な目でボーイング747開発当時の苦労を語った。

747を全機退役させた日本の旅客航空会社には「いずれ大型機は必要な時が来る。金の使い方には気をつけてもらわないと」と皮肉も。

「難しい人」という人物評も聞こえるが、長い杖を手に社内を歩くサッターには、現役の若い社員が次々に握手を求める。眼鏡なしで書類に目を通し、会話は小声で十分。カリスマの威光は当分、衰えを知らなそうだ。

二〇一四年五月三日配信

◆岐路から未来へ◆

現代の浮世絵師

失われた江戸の美を復活――独力で描き彫り摺る

文・立花珠樹
写真・萩原達也

「赤富士」と呼ばれる葛飾北斎の浮世絵版画の傑作「富嶽《ふがく》三十六景　凱風快晴」。一八三〇年代に制作された作品の原画はほとんど失われ、残っている絵も、絵の具の色はあせている。そして、退色した作品を基にした復刻が出回っている。

そうではなく、「赤富士」が摺《す》り出された瞬間の「おそらく飛び上がらんばかりに美しかった色」を再現することはできないのだろうか。

三十数年前、そう思ったことから、木版画家、立原位貫《たちはらいぬき》（六二）の長い困難な旅が始まった。

ジャズから転進

立原が浮世絵に出会ったのは二五歳のときだ。四年間、東京で続けたプロのジャズサックス奏者という生き方に見切りをつけ、小学生から暮らした三重県四日市市に戻り、アルバイトで会社勤めを始

光が安定するよう、工房の窓は北向きだ。色を重ねてゆく擂りの作業は１ミリの狂いも許されない。立原位貫の表情は厳しい。

めた時期だった。

偶然目にした歌川豊国の美人画に、心がほてった。「それまでは浮世絵が木版画ということすら知らなかったのに、こんなに美しいなら自分も彫ってみたいと思った」

彫刻刀と版木とばれんをそろえ、浮世絵の画集を買って好きな絵を写し、彫って摺った。もともと才能があったのだろう。最初から周囲の人が驚くほどの出来栄えだった。たちまちのめり込み、浮世絵の基礎的な技術や道具、材料について独学で学び、習作を続けた。

すぐに、自分がすごく無謀なことを始めたのに気付いた。「江戸の浮世絵というのは、絵師、彫師、摺師の分業制だったんですね。どれも一生をかけてやる仕事。なのに、僕はまったく素人だったから、何の疑いも持たずに全部一人でやり始めてしまった」

模倣でなく再現

江戸末期に活躍した絵師、歌川国芳のユニークな色彩感覚や反骨精神に富んだ作風に引かれた。二七歳で、代表作「相馬の古内裏《ふるだいり》」の復刻を半年がかりで完成。アルバイトをやめ、浮世絵師として生きて行こうと決意する。だが、過去の名作をただ模倣するだけの仕事はしたくなかった。

「本物を再現したい。材料から技術まで、すべてにおいて江戸と同じ物を忠実によみがえらせたい、そう強く思うようになったんです」

実際には、江戸と同じ版木や紙や絵の具を使って作品を作ることは不可能だった。「明治の初めに、浮世絵の伝統や技術は消えてなくなってしまった」からだ。でも、立原はあきらめなかった。

「浮世絵をベースにした日本の木版画は、和紙を染めるという技法が特徴。紙の上に絵の具をのせる西洋の版画とは違い、植物性の染料をばれんで和紙の中に摺り込んでいく。そこに独特の美しさがあるんです」。その美しさを再現するためには、化学処理をしていない江戸の紙や絵の具が必要だったのだ。

自ら絵の具作り

立原は、東京・浅草にただ一軒残っていた版木屋で山桜の版木を求めた。江戸と同じ方法で、コウゾ一〇〇%の紙をすいてくれる職人を探して全国を行脚した。

こだわったのが色だ。紅花から作り、江戸の絵師は「血の色」に例えたという「赤」。露草の「青」。本藍染めの布から煮出す「藍」。失われた江戸の色をよみがえらせようと、自ら絵の具作りも試みた。

滋賀県野洲市の藍染め店「紺九」の協力で、満足できる藍色を作り出せるまでに、二〇年近い年月がかかった。

「そこまで追求しなくてもいいんじゃないかと思うくらい、本物に対するこだわりがある。でも、僕があきらめそうになっても、立原さんは『できるよ』とさらりと言うんですよ」。「紺九」の五代目、森芳範《もりよしのり》（四〇）は、立原をこう評する。

豊国の美人画に出会ってから三七年。復刻した浮世絵は一〇〇点を超す。二〇一〇年に完成させた歌川国貞の代表作「大当狂言」七枚の復刻は、学者や研究者たちから激賞された。長年研究してきた青と藍の色も生きた。この七枚を立原は浮世絵復刻の集大成と自負する。本物を再現するという願いがかなったのだ。

来秋には山口県立萩美術館・浦上記念館で全作品展が開かれる。同記念館名誉館長、浦上敏朗《うらがみとしろう》（八八）は、立原の才能と人柄を初対面で見抜き、無名時代から長年支えてきた。浦上は「見事に成長した彼の全作品を永久に残したい。それだけの価値がある」と評価する。

一三年前、京都に住居兼工房を構えてからは、オリジナル作品の創作が中心になった。夢枕獏の連載小説『大江戸恐龍伝』の挿絵など、新しい仕事にも挑戦している。

和菓子作りをする妻、やよ飛《ひ》との間に一男一女。最新作のびょうぶ絵には、幼い孫ら家族の姿を初めて描いた。もともと浮世絵とは、絵師が暮らす現世の風俗を生き生きと描いた絵だった。立原も今、平成の浮世絵師として、新たな旅路を歩み始めている。

●記者ノート●

変化を恐れず

浮世絵の復刻は、原画を超えることができるのか？　取材前に抱いていた疑問は、立原の仕事を見て氷解した。彼の復刻には創作と同じ価値がある。「立原の国芳」「立原の国貞」なのだ。

前提になるのは、一ミリの線を彫る技術や最高の摺(す)りの技術だ。それを身に付けた上で「北斎なら北斎の『気分』が出せればそれでいい」と原画に向き合うとき、原作者と立原はジャズの即興演奏のように時空を超えて交感しているのだろう。

「個人を大切にしない発想はだめ。ものをつくる人間は変化を恐れてはいけない」。立原の言葉からは、幕府の弾圧に抗した江戸の絵師たちの心意気も伝わってきた。

二〇一四年四月二六日配信

◆岐路から未来へ◆

文化財保存

傷つけずに計測、再現――博物館変える可能性

文　・平野恭子
写真・上所啓二

寄せ木造りのつなぎ目、修復跡……。弘法大師（空海）坐像の全てが忠実に再現されていた。うわぐすりの調整で陶器のしっとり感が消え、乾いた木の質感もよく出ている。

「うわあ、これはすごい」。滋賀県甲賀《こうか》市にある大塚オーミ陶業信楽工場で七月、完成間近のレプリカ（複製）に対面した九州国立博物館（福岡県太宰府市）の博物館科学課長、今津節生《いまづせつお》（五九）は思わず声を上げた。今津はレプリカ作りに、専門家として協力してきた。

完全なデータ

空海像は高さ約八三・五センチ。高野山（和歌山県高野町）の金剛峯寺《こんごうぶじ》に伝わる寺宝で、室町―桃山時代の作とされる。レプリカ作りは、空海が高野山に修行場を開いて来年で一二〇〇年となるのを記念して計画された。

九州国立博物館は三次元（３Ｄ）計測器とＣＴスキャナー、３Ｄプリンターを備えた日本で唯一の文化財施設だ。今津はその先進性をこう説明する。

「コンピューターによる３Ｄ計測なら〇・〇三ミリ刻みで精密に撮影できるが、顔のあごや衣のひだで影になる部分は写らない。ＣＴスキャンは〇・三ミリ刻みで粒子は粗いが、影の部分や内部構造まで撮ることができる。両方を合わせて初めて、完全な計測データになります」

興福寺（奈良市）の阿修羅《あしゅら》像のＣＴスキャンでは、像の原型が今の愁いに満ちた表情ではなく、厳しい顔つきだったことも明らかにした。

「貴重な文化財を傷つけずに、構造や作り方、過去の修理状況まで分かる。災害や盗難で実物が失われても、データさえあればレプリカを作ることができ、文化財のリスク管理にもなります」

八時間に短縮

和歌山県に生まれ、東京の大学で考古学を学んだ。発掘した遺物を保存処理してもらうため、東京文化財研究所に出入りするうち、保存科学が面白くなって転向。一九八九年、奈良県立橿原考古学研究所に採用された。

保存科学といえば研究所の奥で分析をしているイメージだが「現場に出る保存科学者を目指した」と言う。出土した遺物をその場で解析できれば、次の日の発掘調査に役立つ。考古学と保存科学の両方を学んだ今津らしい発想だった。

転機は九八年、同研究所が発掘した黒塚古墳（奈良県）で三角縁神獣鏡三三枚が出土。卑弥呼《ひみこ》が魏

滋賀県甲賀市の大塚オーミ陶業信楽工場で完成間近の弘法大師座像のレプリカと対面する今津節生。

の皇帝にもらった銅鏡一〇〇枚は三角縁神獣鏡だったという説があり、学界が騒然となった。

多くの研究者が鏡のデータ公表を待ち望んだが、複雑な文様がある鏡を手作業で実測すると何カ月もかかる。そこで今津は、世に出始めたばかりの3D計測を導入。一枚の計測を八時間に短縮し、肉眼では判別できない微細な傷やわずかな厚さの違いまで分析した。

「それまでの考古学はアナログの世界。鏡の傷一つとっても人によって見え方が違うし、手作業には誤差がつきまとう。議論をする前に、土台を作らなければと思った」

その後も京大と東京国立博物館、宮内庁が所蔵する銅鏡約六〇〇枚を

３Ｄ計測。日本の鏡研究の基礎となるデータベースを完成させた。

触れて感じる

二〇〇五年、九州国立博物館の開館に合わせて移籍した。「五〇歳になり、定年までの一〇年を『博物館と保存科学』という新たな課題に、かけてみたかった」

研究所とは違い、博物館は「見せる」場所。今津はさらに「触れて、感じて、体験できる」場所にしたいと考えた。それを実現するため、３Ｄプリンターで銅鐸《どうたく》や土器のレプリカを試作。だが、３Ｄプリンターで使う石こうや樹脂は水分や紫外線に弱く、退色も早い。劣化をどう防ぐか。

悩んでいたとき、キトラ古墳や高松塚古墳の壁画を陶板で複製した大塚オーミ陶業を紹介された。陶板は雨にも紫外線にも強い。強度も十分で、入館者が毎日触っても劣化の心配はない。焼成時に製品が一割ほど収縮するのが問題だったが、今津が３Ｄプリンターで一・一倍の原型を製作。その原型から型を取って焼き上げるとほぼ原寸大になった。

大塚オーミ陶業による空海像のレプリカ作りでは、今津は計測や原型の製作に取り組んだ。ターンテーブルに載せた空海像をゆっくり回転させ、大型ＣＴスキャナーで一分間に九〇〇枚のエックス線写真を撮影。像の内部にある空洞や、目にはめ込まれた水晶の形まで正確に写した。３Ｄプリンターの出力は一辺が最大四〇センチなので、原型は九分割して製作した。

焼成時の収縮分を補うのはこれまで勘に頼っていたが、空海像はデジタルデータから計算して作った。結果は高さが約一センチ違うだけだった。

「実物そっくりで劣化しないレプリカ。遺跡の発掘の様子を再現したり、国宝の複製に触れたりしてもらえる。日本の博物館を根本から変えるかもしれません」

●記者ノート●

夢は野外博物館

九州国立博物館の子ども向けのコーナーには縄文時代の火炎土器が展示されている。今津がデジタル計測し、大塚オーミ陶業が作ったレプリカだ。「さわってみよう」と書いてある。炎をかたどったような口縁部に手を当てると、凹凸に自分の指がぴたりとはまる。縄文人も、ここに手を当てて作ったのか。リアルな感触にドキドキする。

今津の夢は野外博物館だ。「石室が解体された高松塚古墳、長崎県沖の海底に沈んだままの元寇船《げんこう》。それらを実物と寸分違わぬレプリカで再現し、発見時の感動を多くの人が味わえるようにしたい」。劣化しない陶製レプリカが、夢を実現する大きな一歩になりそうだ。

二〇一四年八月二日配信

◆岐路から未来へ◆

アジアのアスベスト

悲劇の連鎖を断て――苦い経験伝えたい

文と写真・辻村達哉

がちゃりと音がして自転車から大判のタイルが崩れ落ちた。慌てた様子の男性にアスベスト(石綿)の捨て場を尋ねると、もっと奥だと指さす。

砕けた波形《なみがた》スレートが散らばる。アスベストを含む建材で、日本でもかつて工場や駅の屋根に使われた。高齢の男性がベンチに腰掛けていた。金属を拾っているという。

捨て場の先は柵も塀もなく、そのまま広い野原につながっていた。

七割

インドネシアの首都ジャカルタから車で約二時間。西ジャワ州チカランの町外れに、同国最大というアスベスト製品の工場がある。捨て場は建物から二〇〇メートルほど離れた裏手にあった。

まだ使えそうな波形スレートが重ねてあった。誰かが運び出すのか。

子どもを含む多くの人が生活のためにここに入り、アスベストにさらされていると非政府組織(N

GO）が四年前に公表。同国に輸出していたカナダに衝撃を与えた。

世界で産出されるアスベストの七割はアジアで使われる。インドネシアは中国、インドに次ぐ大消費国だ。規制は緩く、アスベストが引き起こす中皮腫というがんや、じん肺の一種、石綿肺《せきめんはい》を診断する技術も乏しい。

兵庫県で工場周辺住民の健康被害が発覚した「クボタショック」のような事態にはまだ至っていない。「だが悲劇は日々生まれている」とNGOメンバーのディム・プラタマ（二八）は話す。

ある工場を調べたところ、労働者も周辺住民も約半数に呼吸機能の異常が見つかり、日本と韓国の医師による診断で石綿肺患者三人を確認した。

その一人、シティ・クリスティナ（四七）は約二〇年働き、アスベストを手で混ぜたこともある。地元医師が結核と診断したため、職業病と認定されなかった。クリスティナは「まだ働いている仲間がいる。調査を続けないといけない」と訴える。

攻防

先進国はアスベスト使用をやめたのにアジアではなぜ使い続けるのか。

産業医科大教授の高橋謙《たかはしけん》（五七）は「経済発展のさなかにあるのと、中皮腫は発症まで三〇～五〇年かかるため将来の負担が十分認識されていないことが大きい」と指摘する。

日本ではアスベストを大量に使った高度経済成長期から四〇年を経て中皮腫で亡くなる人が急増しており、二〇一二年には約一四〇〇人に上った。「発展途上国にとってはまだ〝対岸の火事〟。日本も

国連環境計画（UNEP）と共催したジャカルタでの会議で発言する産業医科大教授の高橋謙。「どの国もアスベストを段階的にやめる方法を知りたがっている」

昔はそうだった」

高橋は一九八〇年代後半からアスベスト関連疾患を研究し、〇八年に「アジア・アスベスト・イニシアチブ」（ＡＡＩ）という取り組みを始めた。対策や治療の情報を共有するため、各国の研究者や行政官を招いて年一回の会議を開く、対策に役立つ資料を作るといった活動を進めてきた。

一方、アスベストを産出するロシアやカナダは消費拡大を目指し、攻勢をかけ続けてきた。「アスベストのうち今の主力であるクリソタイル（白石綿）は安全に使えば問題ない」「代替品は割高で実用性もない」

そんな主張を消費国で会議を開いて発信したり、世界保健機関（ＷＨＯ）の文書にクリソタイルへの規制をけん制する文章を潜り込ませたり。「全てのアスベストが発がん物質であることには科学的根拠があり、ＷＨＯも認めている。『安全な使用』などあり得ない」と高橋は言う。代替品は一〇～一五％割高だが、アスベストを一ドル分使えば、将来三ドルの負担が発生するとの試算がある。

誤診

高橋が続けてきた試みは、ＷＨＯや国際労働機関（ＩＬＯ）の協力も得て、実を結びつつある。今年ジャカルタで国連環境計画（ＵＮＥＰ）と共催した七回目のＡＡＩ会議では、ベトナムやタイから全面使用禁止に向けた動きが報告された。

ＡＡＩを通じ協力関係も生まれた。アスベスト関連疾患の臨床が専門の岡山労災病院副院長、岸本《きしもと》卓巳《たくみ》（六二）はモンゴルや中国の支援に携わる。

両国では毒性の強いクロシドライト（青石綿）などが今も使われる。「課題は診断だ。中皮腫は経過の悪い病気だが、早く見つければ、より長く生きられる場合がある」

診断技術はどの国にも共通する悩みだ。病理学者で広島大名誉教授の井内康輝《いないこうき》（六六）は高橋に頼まれてベトナムを視察し、中皮腫と診断された三四人の組織標本を調べた。すると、本当の中皮腫は七人だけだった。

「エックス線写真を読む段階で間違えている。最終診断には組織を調べる必要がある。インターネットを使う遠隔診断や、標本を作る技師の研修を、自腹を切ってでもやりたい」と井内は語る。

日本や欧米の苦い経験がうまく伝わらない現状が高橋にはもどかしい。

「アスベスト依存社会から脱却した過程は国ごとに違う。でも政府の手続きや一般への情報伝達など、伝えるべきエッセンスがあるはず。そんな『経験知』を理論化して伝えたい」

●記者ノート●

失敗を繰り返すのか

アスベストの害は分かっていたのに経済性が優先されて使われ続け、被害が拡大した。どの国の対策も失敗の連続だ。

つけは長く続く。世界保健機関（ＷＨＯ）によると、毎年約一〇万人がアスベストの引き起こす病気で亡くなっている。

アジアでの被害拡大は人ごとではない。アスベスト産業は、規制のより緩い国へと移転を続けた。日本から韓国、インドネシアへ。韓国からもインドネシアや中国へと。

禁止が遅れれば社会にたまるアスベストは増える。日本でも一千万トン近くが建物に蓄積され、解体時や地震で壊れた際の飛散防止が課題だ。しかし対策は十分でなく、悲劇を繰り返す恐れがある。

二〇一四年一〇月二五日配信

執筆者一覧（原稿順、所属は当時）

太田昌克　一九六八年生まれ。編集委員。
井田徹治　一九五九年生まれ。編集委員。
平野雄吾　一九八一年生まれ。外信部。
佐々木央　一九五六年生まれ。編集委員。
諏訪雄三　一九六二年生まれ。編集委員。
竹生　瞳　一九八五年生まれ。高松支局。
岩原奈穂　一九八八年生まれ。宮崎支局。
青柳絵梨子　一九八四年生まれ。釧路支局。
石山永一郎　一九五七年生まれ。編集委員。
播磨宏子　一九八〇年生まれ。写真映像記者。
長沢克治　一九六〇年生まれ。編集委員。
田村　文　一九六五年生まれ。文化部。
原田　寛　一九五六年生まれ。編集委員。
西出勇志　一九六一年生まれ。編集委員。
辻村達哉　一九六一年生まれ。編集委員。
横田敦史　一九八八年生まれ。富山支局。
遠藤一弥　一九五六年生まれ。編集委員。
中川千歳　一九七八年生まれ。ロサンゼルス支局。
名古谷隆彦　一九七〇年生まれ。社会部。
高山裕康　一九七四年生まれ。外信部。
飯沼賢一　一九八三年生まれ。神戸支局。

岩切　希　一九八八年生まれ。福井支局。
増永修平　一九六九年生まれ。社会部次長。
立花珠樹　一九四九年生まれ。編集委員。
平野恭子　一九六三年生まれ。編集委員。

撮影者一覧

堀　誠　一九五九年生まれ。編集委員。
有吉叔裕　一九五四年生まれ。編集委員。
萩原達也　一九四七年生まれ。編集委員。
泊　宗之　一九八〇年生まれ。写真映像記者。
高野　仁　一九七六年生まれ。写真映像記者。
牧野俊樹　一九四六年生まれ。編集委員。
小島健一郎　一九七〇年生まれ。写真映像記者。
村山幸親　一九七〇年生まれ。写真映像記者。
松下明子　一九七六年生まれ。写真映像記者。
大沼　康　一九八六年生まれ。写真映像記者。
中島　悠　一九八四年生まれ。写真映像記者。
鍋島明子　一九六七年生まれ。契約カメラマン。
上所啓二　一九六一年生まれ。契約カメラマン。

■編者　共同通信社
東京都港区東新橋1-7-1　汐留メディアタワー20F　編集委員室

岐路から未来へ

2015年８月31日　第１刷発行　定価2500円＋税

編　　者　共同通信社
発　　行　柘《つ》植《げ》書房新社
〒113-0033　東京都文京区本郷1-35-13　オガワビル１F
TEL03(3818)9270　FAX03(3818)9274
郵便振替00160-4-113372
http://tsugeshobo.com
装　　丁　吉田富男
印刷・製本　創栄図書印刷株式会社

乱丁・落丁はお取り替えいたします。ISBN978-4-8068-0674-5 C0030

未来への選択
地球最新報告

共同通信社編
Ａ５判並製／248頁／定価2000円＋税
ISBN4-8068-0541-6

氷の大陸・南極には雨が降り始めた。ネパールの山村やバングラデシュの海辺にも温暖化が及ぶ。肥満という病が世界に広がる裏側にはアフリカの飢饉があり、チェチェンやイラクでは自爆テロリストたちが「出撃の日」を待つ。われわれはどこにいて、どこに行くのか。

アフリカ四半世紀の物語を撮る

中野智明＝写真／沢井俊光、金子大＝編著
Ａ５判並製／184頁／定価2000＋税
ISBN978-4-8068-0609-7

ナイロビに拠点にアフリカ大陸の写真を撮り続けて25年になるフォトジャーナリスト、中野智明の写真に、メディアとして最も多く共に取材した歴代共同通信特派員たちが文章を綴ったアフリカ四半世紀の現代史の断面。

アジア・ルポルタージュ紀行
平壌からバグダッドまで

石山永一郎著
四六判並製／216頁／定価1800円＋税
ISBN978-4-8068-0658-5

著者は共同通信記者として、世界各地から記事を配信し続けている。アジアの裏町から島々までをさまよい、泥の海を歩き、戦火を駆け抜けた渾身のルポルタージュ集。時空を超えた幻想の旅路として描く新機軸のアジア紀行。